はじめての
ゲームエンジン
Godot

酒井雅裕●著

CUTT
カットシステム

はしがき

本書では Godot（ゴトー）[1] というゲームエンジンを用いて、GUI 操作・プログラミングを体験する。

Godot は以下のような特徴がある。

- シーンとノードによるプログラミング。シーンにノードを配置してゲーム全体を作り上げる。
- 3D データに関してはオープンソースの 3D モデル形式である glTF を扱える。これを Godot 側でインポートして 3 次元形状のノードを構成できる。アニメーションやボーンは Blender などの 3DCG ソフトで定義して出力する。glTF については章を改めて詳しく扱う。
- OpenGLES に準拠したシェーダによるリアルタイム 3DCG 表現が可能である。
- エンジン開発はオープンソースで進められている（Windows、MacOS、Linux で動作する）。
- SDK の別インストールなどが条件となるが、モバイルの環境に出力可能である。モバイルの開発には開発者の証明書のインストール・セッティングが不可欠であり、本書の範疇を超えてしまった。
- VR に関しても、AndroidSDK を経由して出力する[2]。
- 本体と Windows 出力パッケージで 1GB 位と**軽い**。各環境によって容量は様々である。モバイルなどはそれぞれの SDK が必要である（概ね数 GB 程度）。

このように Godot はモバイルも含めた多くの環境への出力が可能なことからも大きな可能性を秘めたゲームエンジンである。また Godot の最も大きな特徴として、GDScript という Python 言語に近いスクリプトでプログラミングができる。Python 言語は学びやすく簡潔であるため、高等学校のコンピュータ教育の言語として試用されている [1]。また C# でのプログラミングも準備されている。併せて UnrealEngine のブループリントのようなノード接続によるビジュアルプログラミングもできる。

ネットワークリソースを含んで基本的なことは網羅されているが、ゲームエンジンの基本を押さえたコンセプトであり、高度なことはプログラミングで補う必要がある。少なめであるがサンプルやアセットも準備されている。

プログラミングで一番大事なことは成果物が作れることや、どんな環境にも対応できる能力を身につけることである。本書では Godot でのチュートリアルを通じて 2D・3D のプログラミングを一通り学べるよう心がけたつもりである。公式のチュートリアルになじめなかった読者も気軽

---

[1] 「Godot ドキュメント」https://docs.godotengine.org/ja/stable/index.html

[2] 「Developing for Oculus Quest」https://docs.godotengine.org/ja/stable/tutorials/vr/oculus_mobile/developing_for_oculus_quest.html

に手に取って欲しい。本格的なゲームエンジンに取り組む前に、このようなサブセット的な軽い環境を学習し、基本を押さえて学びをすすめてもらいたい。

また本書は、神奈川工科大学の情報学部情報メディア学科の2021年度ゲームプログラミング科目の提示資料を改稿したものである。この科目を受講した全ての学生諸君がいなければ、本書は完成していない。

また講義をすすめるにあたって、質問が多く寄せられたことも本書の礎となっている。また本書で扱っているサンプルデータは神奈川工科大学情報学部情報メディア学科の酒井研究室の有志「書籍データを作るのだチーム」から厚意で提供して頂いたものである。この場を借りて御礼を申し上げる。

対象読者

- ゲームエンジンを理解したい高校生、専門学校生、大学生。
- プログラミングに関しては初心者でも構わないが、スクリプト言語を含めて何らかのコンピュータ言語の体験があると望ましい。Python言語をおすすめする。
- チュートリアルを通じて学ぶ方式が、自分に合っていると感じる読者。
- Blenderなどの3DCGを一通り（例：簡単な操作をマスターしてモデリングできる）操作できることが望ましい。

またGodotはMITライセンスであり、かなり自由度は高い。詳細はhttps://godotengine.org/licenseを参照して欲しい。

第 4 章、第 5 章、第 6 章、第 7 章、サンプルの忍者ゲームのデータのデータに関しては、Yuka SHIMIZU によって、第 8 章のデータに関しては、Masahiro SAKAI によって、第 9 章、第 10 章、第 11 章のデータに関しては、Akika TAKADA によって CC0（クリエイティブコモンズ）によりライセンスされている。

また、Godot のバージョンは、3.4.2 を本書を通して使用する。

はしがき iii

第1章　ゲームエンジンを学ぶ目的：得点類型の実装 …… 1

1.1　ゲームプログラミングとは 2
1.2　読者のみなさんは…… 3
1.3　スキルの第一歩はなにか 4

第2章　Godot のインストールとデプロイ …… 7

2.1　ダウンロードとインストール 8
2.2　サンプルプロジェクトのダウンロードと起動 11
2.3　サンプルプロジェクトのテストプレイ 14
2.4　サンプルプロジェクトのエクスポート（実行形式出力、デプロイ）15

第3章　Godot のサンプルを通じた Python 言語に似た GDScript の
　　　　最低限のあらまし …… 21

3.1　GodotIDE の見方 22
　　3.1.1　全体の考え方 22
　　3.1.2　ディレクトリのファイル構成 24
　　3.1.3　シーンとノードの構成とインスペクタ 25
3.2　スクリプトエディタの解説 27
3.3　GDScript 早わかり 29
　　3.3.1　全体として：順接 29
　　3.3.2　選択、繰り返し 32
　　3.3.3　ゲームの改良で理解する 33

第4章 イチから 2D 衝突検出（コリジョン）サンプルを作る ‥‥‥ **35**

4.1 Godot の挙動を復習しよう ‥‥‥‥‥‥‥‥‥‥‥‥‥‥‥‥‥‥‥‥‥‥‥‥ 36

4.2 Godot の設計思想 ‥‥‥‥‥‥‥‥‥‥‥‥‥‥‥‥‥‥‥‥‥‥‥‥‥‥‥‥ 37

4.3 設計思想に準じていない Godot サンプルの考え方 ‥‥‥‥‥‥‥‥‥‥ 38

4.4 必要なリソースの入手 ‥‥‥‥‥‥‥‥‥‥‥‥‥‥‥‥‥‥‥‥‥‥‥‥‥ 39

   4.4.1 フォントの入手 ‥‥‥‥‥‥‥‥‥‥‥‥‥‥‥‥‥‥‥‥‥‥ 39

   4.4.2 グラフィックスの入手 ‥‥‥‥‥‥‥‥‥‥‥‥‥‥‥‥‥ 40

4.5 プロジェクトの新規作成と設定 ‥‥‥‥‥‥‥‥‥‥‥‥‥‥‥‥‥‥‥‥ 41

   4.5.1 必要なデータのマージ ‥‥‥‥‥‥‥‥‥‥‥‥‥‥‥‥‥ 44

   4.5.2 Main シーンの設定と実行 ‥‥‥‥‥‥‥‥‥‥‥‥‥‥‥ 45

4.6 「ノード」の追加。Player と Mob（敵） ‥‥‥‥‥‥‥‥‥‥‥‥‥‥‥ 49

   4.6.1 Player と Mob のキャラクタ設定とコリジョン設定 ‥‥ 51

   4.6.2 衝突関係・コリジョン関係の明示と設定 ‥‥‥‥‥‥‥ 54

   4.6.3 Player の GDScript による制御 ‥‥‥‥‥‥‥‥‥‥‥ 56

   4.6.4 Mob の GDScript による制御 ‥‥‥‥‥‥‥‥‥‥‥‥ 60

   4.6.5 コリジョン発生の自己診断 ‥‥‥‥‥‥‥‥‥‥‥‥‥‥ 61

4.7 ゲームの開始と終了 ‥‥‥‥‥‥‥‥‥‥‥‥‥‥‥‥‥‥‥‥‥‥‥‥‥‥ 63

   4.7.1 ノードの非表示 ‥‥‥‥‥‥‥‥‥‥‥‥‥‥‥‥‥‥‥‥ 63

   4.7.2 日本語表示を可能にしたスタートボタンの配置 ‥‥ 64

   4.7.3 他のノードのプロパティの取得 ‥‥‥‥‥‥‥‥‥‥‥ 68

   4.7.4 初期化メソッドからの括り出し ‥‥‥‥‥‥‥‥‥‥‥ 68

   4.7.5 スタートボタンの挙動とその中身 ‥‥‥‥‥‥‥‥‥ 69

   4.7.6 コリジョンの発生の Main での利用（ゲームの終了） ‥‥ 72

4.8 シグナルのまとめ ‥‥‥‥‥‥‥‥‥‥‥‥‥‥‥‥‥‥‥‥‥‥‥‥‥‥‥ 73

第5章 タイルマップと物理ノード ‥‥‥ **77**

5.1 タイルマップ ‥‥‥‥‥‥‥‥‥‥‥‥‥‥‥‥‥‥‥‥‥‥‥‥‥‥‥‥‥‥ 79

   5.1.1 タイルマップの生成 ‥‥‥‥‥‥‥‥‥‥‥‥‥‥‥‥‥ 79

   5.1.2 タイルの配置 ‥‥‥‥‥‥‥‥‥‥‥‥‥‥‥‥‥‥‥‥ 83

5.2 物理をサポートしたノード ‥‥‥‥‥‥‥‥‥‥‥‥‥‥‥‥‥‥‥‥‥‥ 85

5.3 キー取得の 2 つの方法 ‥‥‥‥‥‥‥‥‥‥‥‥‥‥‥‥‥‥‥‥‥‥‥‥ 87

   5.3.1 公式のキーマップを使う方法 ‥‥‥‥‥‥‥‥‥‥‥‥ 87

   5.3.2 直接的なキーイベントを使う方法 ‥‥‥‥‥‥‥‥‥ 88

5.4 物理演算ノードのプロセス ‥‥‥‥‥‥‥‥‥‥‥‥‥‥‥‥‥‥‥‥‥‥ 90

第6章 **動的なシーンの設計手法** …… **93**

6.1 プロジェクトの設計、フォルダとデータのセットアップ …… 94
6.2 シーン設計とプロジェクトの全体設計について …… 95
6.3 Main シーンの設計 …… 97
6.4 Main と SceneA の切替 …… 98
6.5 Player の追加 …… 100
6.6 knai シーンの追加 …… 101
6.7 Player の配置と knai の動的配置 …… 103
6.8 Mob（敵）の追加 …… 106
6.9 Mob の動的配置 …… 107

第7章 **3D ゲームの基礎：3D ノードのコリジョン** …… **113**

7.1 GodotIDE の 3D モードの操作留意点 …… 115
7.2 Main シーンの設定 …… 116
7.3 Player シーンの設定 …… 120
7.4 Mob シーンの設定 …… 127
7.5 Player、Mob のコリジョンレイヤの設定 …… 128
7.6 Mob のスクリプト …… 129
7.7 Player と Mob のシグナル …… 131

第8章 **Godot における 3DCG のファイル形式と Blender からのエクスポート** …… **137**

8.1 glTF とは …… 138
8.2 glTF の詳細 …… 139
8.3 glTF の留意点 …… 142
8.4 glTF の Blender でのエクスポート …… 143
8.5 自作 3DCG の Godot へのインポートとハンドリング …… 146

第9章　アニメーションが複数含まれるデータのコントロール …… **153**

9.1　Godot へのインポート ……………………………………… 154

9.2　UI キーの設定と呼び出し …………………………………… 158

9.3　アニメーションの制御コード ……………………………… 159

第10章　背景としての 3D モデル …… **161**

10.1　インポートテスト用プロジェクトの準備 ………………… 162

10.2　gITF のプロジェクトへの登録と地面データのコリジョン生成 …… 163

10.3　仮の Player の定義と設定 ………………………………… 167

10.4　効果の確認 ………………………………………………… 170

10.5　キャラクタと地形データを合成したプロジェクトの作成 …… 171

第11章　3D の Gridmap …… **175**

11.1　Gridmap テスト用のプロジェクトの設定 ………………… 176

11.2　MeshLibrary の作成と 3D データのインポート ………… 177

11.3　GridMap の生成と 3D データの配置 …………………… 181

11.4　GridMap への Player の配置 …………………………… 184

第12章　技法のまとめと本書で扱えなかったこと …… **187**

12.1　シーンのプロジェクトへの連結 …………………………… 188

12.2　スプライトアニメーション ……………………………… 189

12.3　3D：レンダリングやシェーダ …………………………… 190

12.4　サウンド …………………………………………………… 193

12.5　Godot の今後 …………………………………………… 193

あとがき ………………………………………………………… 195

参考文献 ………………………………………………………… 196

付 録 ······ **197**

付録 A　GDScript まとめ ··· 198
付録 B　プロジェクト検索キーワード ····························· 200
付録 C　2D ノード ··· 201
付録 D　3D ノード ··· 203
付録 E　ライセンス：フリーデータを扱う際に気をつけること ·············· 204

索 引 ··· 207

1

ゲームエンジンを学ぶ目的：
得点類型の実装

1.1 ゲームプログラミングとは

とても乱暴かもしれないが、ビデオゲーム、もしくは電子ゲームとは「ハードウエア、もしくはソフトウエアでプレーヤが得点する様々な方法を提供する」こととしてみよう。

もちろんビデオゲームのジャンルは非常に多く、そのジャンルの中で大まかなプレーヤの得点方法の「類型」があって、それを踏襲してゲームデザインが決まってくる。例えばジャンルの一つに「Platformer」がある。今となってはとても簡単なシステムである。

横スクロール型のステージがあり、プレーヤをジャンプさせつつ、穴などに落ちないようにして、迫ってくる敵を倒して得点し、ステージをクリアしていく。この部分が得点の「類型」にあたる。得点のベースにはキャラクタの接触（コリジョン）がある。プレーヤが敵を踏みつけるコリジョンは敵の消滅と得点を生む。敵に正面から当たれば、プレーヤは死んでしまう。この見慣れたタイプの得点システムは、一つの「類型」として、プレーヤに受け入れられ、応用デザインが生まれてきた。よくゲームのプログラミングにはこの platformer が例題で出てくる。本書も同様である。またゲームには、直接得点に結びつかなくても、条件達成によるレベルのアップや、ガチャによるアイテムの獲得などもある。これも大きく俯瞰して考えれば「得点類型の拡張」と考えることができるだろう。

ゲームはそもそも「マニュアルレス」なものである。筆者の記憶では 1990 年代初めには、ゲームは開始直後から 1 ターンは「チュートリアル」が実施されるようになった。その中でゲームの操作方法をはじめとする「システム」を理解させる必要がある。その際に「バトル」等の「得点の方法」を理解させた上で、ユーザを引きつける必要がある。この場合の「引きつける」をもう少し細かく説明すると、そのチュートリアルの中で「ストーリ」や「ミッション」を伝え、得点を重ねることでレベルが上がりミッションを達成するという経験を通じてゲーム継続の「興味」を抱かせることにある。であれば、短いチュートリアルの中で重要なことは、できるだけプレーヤのゲーム体験「得点類型」に寄り添って「攻略の展望」を認識させることでもある。

当然この得点類型には難度も含まれる。ゲームバランスは得点類型と難度のバランスである。得点の方法が理解できても、スピードが速くなればクリアができない。敵がうじゃうじゃ出てきてよけきれないようではクリアはできない。難度が高くてもクリアできるポイントが作ってあれば「無理ゲー」にはならない（人生もクリアできるポイントが作ってあってそれが見えればいいのに）。その点でみると「クソゲー」の定義もはっきりする。いわゆるクソゲーとは突然難度を厳しくし、クリアしにくくして、ゲームバランスの逸脱が明らかに見えてしまうと、ユーザは流石にやる気をなくしてしまう。この点はクソゲーの一要素でしかないが、その点がゲームづくりのポイントとも言えるだろう。

1

　いささか脱線気味になったが、ゲームエンジンとは「得点類型」を設計し実装するためにあるとは言える。操作性のテストも、その得点類型をいかにスムーズにストレスなく体験させるかに重点を置くべきであろう。

1.2　読者のみなさんは……

　読者のみなさんは非常に多くのゲームを体験してきて「得点類型」の経験を多く積んでいるはずである。ゲームを作ってみたいという動機は、自分なりの得点システムをこしらえてみたいと多少なりとも思っているはずである。でなければゲームをプログラミングすることを目的としたこの本を手に取るはずがない。みなさんは小さな時から「デジタルネイティブ」（英語圏ではGen-Z：Z世代）であり、非常に高度で完成されたコンテンツを消費し目が肥えている。また、みなさんはゲームを由来とするいくつもの愛でるべき物語があって、その世界を楽しんでいるはずである。

　単純な「得点類型」の体験であったはずなのに、高度なコンテンツを大量かつ長時間消費しゲームの経験が蓄積されることで、みなさんの体験は考え方を変えるまでになっているはずである。詳細で美麗なゲームグラフィックスやモチベーションを高めるゲームサウンドの効果も相まって、内的なゲームの経験は好みの「世界観」と名を変えてしまっているかもしれない。その世界観はなかなか親の世代や筆者のような大学教員には理解されないことが多い。みなさんはきっと、ある程度の年齢がはなれたその世界に嗜みのない人たちには、理解できないと思っているだろうし、おそらくそれは正しい（なぜならその人達はみなさんと同じようなゲームの体験がないからである）。

　ちょっと、みなさんが考えているその世界を図にしてみた（図1.1）。

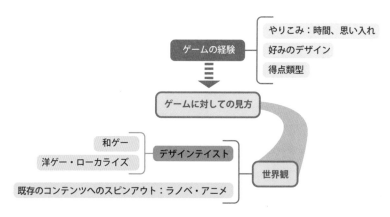

図1.1●ゲームによる世界観の生成

　この図では、みなさんは既にゲームコンテンツ（得点類型）の消費を通じて、世界観に関しては非常に深い知識と経験を積んでいる点を描いている。みなさんの経験は「世界観」に昇華してしまっている。例を示せば、みなさんは古いコンテンツ（アニメや映画）からのゲームのフィードバック（移植）や、ゲームコンテンツから他のメディアへのエクスポート（例：ドラマ化・アニメ化・映画化）もよく知っていると思うし、その世界観もゲーム企画に活かせるだけの知識や、ひょっとしたらコンテンツの保有会社にプレゼンできる知識と熱量を持っているかもしれない。

1.3 スキルの第一歩はなにか

　この図から考えると、みなさんのゲームへの情熱は既に大きな概念に昇華してしまっている。しかし出発点は「得点類型の体験」であったはずで、みなさんが立ち返って身につけるべきスキルは、沢山の得点類型のデザインとその実装方法であるはずだ（デザインやサウンドは本書の範疇から外れるので取り扱えない）。とすればプログラマ（が第一志望のみなさん）が、まず目指すべきスキルは得点類型の実装である。そのための道具を得て、実験をしてプロトタイプを作り、それがプレーヤに受け入れられるか試し続けなくてはならない。つまり、みなさんがゲームエンジンを学ぶ目的はどんなエンジンであれ「得点類型実装」の練習をし続ける道具を得ることだ。

　もう一つ言及をしなければならないことは、IT の世界の代謝が非常に早いということだ。2008年頃に世界的にモバイルの普及が開始されて、十数年経つがほぼ毎年 OS はリプレスされてきた。そのたびに機能は増え、古くからある機能も大きく改まり複雑化して、API の学び直しが必要に

なった。つまりゲーム分野に限らずプログラマを続ける限り「勉強のやり直し」は起きて、その情報は実装方法に限定すると、教科書であることは少なくほぼネットにある（学問では違うことは起きるが、ITの実装はググる→ Qiita[1] などをあたるはずだ）。そこで正しい道を選ぶのは自分で、それをミスすると膨大な時間を無駄にする。この正しい道の鑑識眼の獲得は慣れと訓練が必要である。何度も繰り返し作品を作って慣れていってもらいたい。

　また、沢山の試作や作品を作ることは就職活動には有利である。大学生の就職活動にはいつの頃からか、経験者の転職の際に求められる「職務経歴書」にあたる「ポートフォリオ」があると活動に有利になるとされてきた。Godot がみなさんの経験を支えて、試作をストックし「作品帳：ポートフォリオ」を整備する手助けになれば幸いに思う。

---

[1]　「Qiita」https://qiita.com/（エンジニアに関する知識を記録・共有するためのサービス）

2

Godot のインストールとデプロイ

この章で学べること

- Godot のダウンロードとインストール
- Godot で作成したゲームのデプロイ

2.1 ダウンロードとインストール

Godot のインストールは特別な ID 管理も無く簡単である。ブラウザは日本語翻訳機能が標準化されている、Google Chrome を推奨する。まず Google で検索をする（図 2.1）。

図2.1 ●Godotの検索

Godot のホームページがわかったら、そこにジャンプする（図 2.2）。

図2.2 ●Godotの結果

Godot の公式ホームページを図 2.3 に示す。Godot のアプリケーションダウンロード先は「download」で示されている。

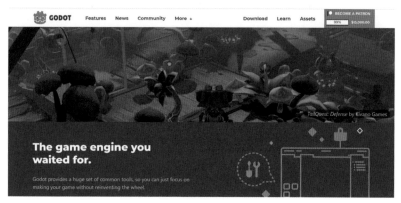

図2.3●Godot公式ホームページ

ダウンロード先で自分の環境にあったものを選択しよう（図 2.4）。本書では WindowsOS 向けの Godot について解説する。

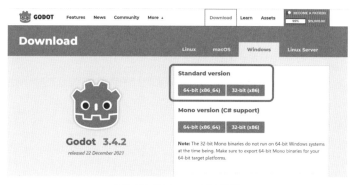

図2.4●ダウンロードの選択

ダウンロードフォルダに Godot が入れられる（図 2.5）。

図2.5●ダウンロード中

　ダウンロードファイルは zip ファイルである。このファイルをダブルクリックで開き、本体を確認する。本体は Godot-v3.x.x-stable-win64.exe（環境やバージョンによって異なる）（図 2.6）。

図2.6●ダウンロードファイル

　exe 本体をデスクトップにファイルをドラッグアンドドロップする（図 2.7）。セキュリティを強化している場合などは、インストールができないなどのエラーが出るかもしれない。そのような場合はセキュリティを調整して対処しよう。

図2.7●ファイルの移動

　インストールは以上である。アプリケーションは Windows は 10、11 いずれでも動作する。

2.2 サンプルプロジェクトのダウンロードと起動

次にサンプルをダウンロードし起動する。

ダブルクリックで起動すると、図 2.8 のような画面になる。

図2.8●Godot起動画面

　初めて起動する場合は、通信のセキュリティがかかる可能性があるが、その場合も通信を認めて、回避する。

　Godot は既に要所が日本語化されており、特に設定も必要ない。この画面はプロジェクトの選択画面である。プロジェクトの Windows 上のフォルダ位置を移動すると Godot の統合開発環境（以下「IDE」）のプロジェクトから外れてしまうので注意すること。その場合は再度インポートすれば使用が可能になる。

公式のホームページから Asset を選択する（図 2.9）。

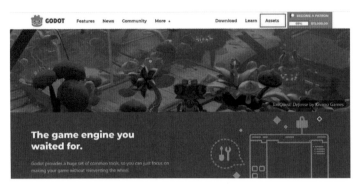

図2.9●Godotテンプレート一覧

ここで、Asset の中から「Pong」を検索し「Pong with GDScript」を選択する（図 2.10）。

図2.10●Pong with GDScriptの選択

「Pong with GDScript」を選択し、ダウンロードボタンを押す（図 2.11）。

図2.11●Pong with GDScriptのダウンロード

ダウンロードがうまくいったら、解凍し展開する。ファイルを開く場合は、展開したフォルダ

を適切に探そう。展開したフォルダを開いたら「インポート」から、展開したフォルダのパスを選んだ上での「project.godot」で読み込む（図2.12）。

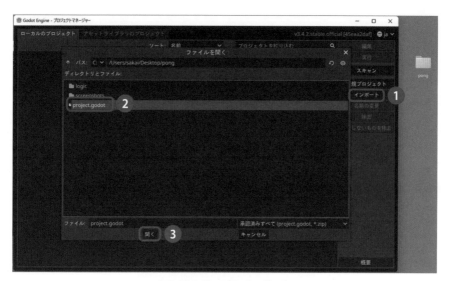

図2.12●サンプルインポート

最終の確認をして、編集に入る（図2.13）。

図2.13●インポートして編集する

2.3 サンプルプロジェクトのテストプレイ

次に、サンプルプロジェクトが提示される（図 2.14）。

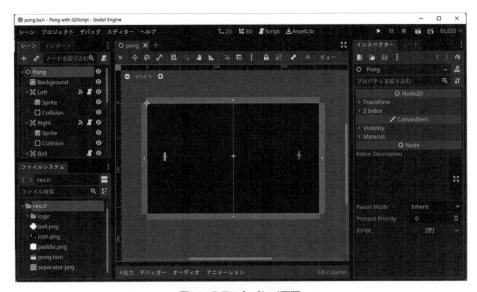

図2.14●テストプレイ画面

アプリケーション画面右上の「実行ボタン」を押してテストプレイができる（図 2.15）。

図2.15●実行ボタン

ゲームがコンパイルされて、動作が可能になる（図 2.16）。Pong with GDScript のアプリケーションが動作する。

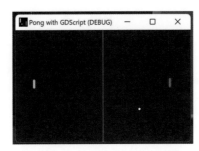

図2.16●Pong with GDScript画面

　左右のパドル操作のキーは、右パドルが矢印キー、左パドルは w（上）、z（下）に割り当てられている。

　また実行ボタンの右の「停止ボタン」でアプリケーションは停止する。

1.2　サンプルプロジェクトのエクスポート（実行形式出力、デプロイ）

　ゲームの実行に加えて、ゲーム単体で実行を可能にする独立した実行形式ファイルをビルドする「エクスポート」を試す。完成したゲームアプリケーションを配布するときにこの操作が必要になる。

　メニューは全体画面の左上にあり、エクスポートは「プロジェクト」-「エクスポート」で実行する（図2.17）。

図2.17●エクスポートメニュー

エクスポート実行で、追加のメニューを押す（図 2.18）。

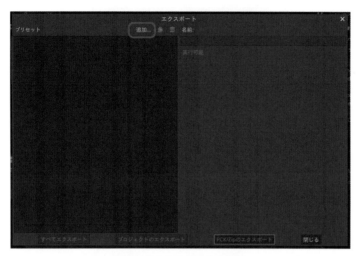

図2.18●エクスポートの追加

Windows を選択する（図 2.19）。

図2.19●Windowsへのエクスポート

Windows のエクスポータが設定されていないのでエラーが出る（図 2.20）。「エクスポートテンプレートの管理」を押す

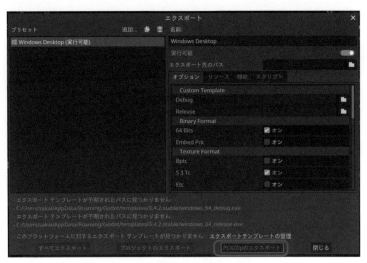

図2.20●Windowsエクスポートエラー

　ここからは1回限りの操作になる。エクスポートのテンプレートを「ダウンロードしてインストール」の操作を選択する（図2.21）。

図2.21●Windowsエクスポートマネージャダウンロード

エクスポーターは自動的にダウンロードされ、セットアップされる（図2.22）。

図2.22●Windowsエクスポーターセットアップ

セットアップのインストールが終わるとインストール済みになる（図2.23）。

図2.23●Windowsエクスポーターセットアップ完了

「閉じる」を押してもう一度、「プロジェクト」-「エクスポート」で実行する（図2.24）。

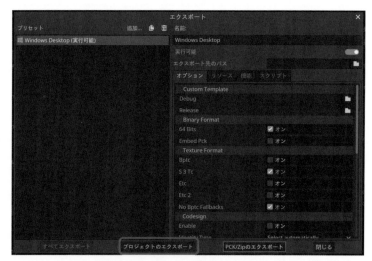

図2.24●Windowsへの再エクスポート

実行ファイルの保存の設定（図2.25）。

図2.25●エクスポートの保存の場所選択

保存の場所は一旦デスクトップとする。選択した場所に Pong with GDScript.exe と Pong with GDScript.pck の2つのファイルができる（図2.26）。

図2.26●エクスポート結果

　出力された実行ファイルを起動すると、Godot本体をクローズしても、ゲームを起動できる（図2.27）。

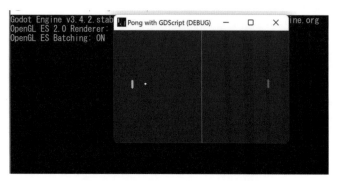

図2.27 ● エクスポートファイル実行結果

3

Godot のサンプルを通じた Python 言語に似た GDScript の最低限の あらまし

この章で学べること

- Godot の IDE の理解
- Python 言語に似た GDScript の開発に求められる最低限のあらまし
- 実行時間の表示（描画レートの表示）
- Godot サンプルの「Pong with GDScript」の改変（左のパドルの自動制御）

3.1.1 全体の考え方

ここからは Godot の IDE と Python 言語に似た GDScript のあらましをみてみよう。GDScript は Godot の標準的なプログラミング言語である。Godot は、C# やビジュアル言語も扱えるが本書では扱わない。

まずは Godot の IDE の見方から説明する。

Godot の実行ファイルを起動し、サンプルプロジェクトを選択すると、選択されたシーンが表示される。（図 3.1）。

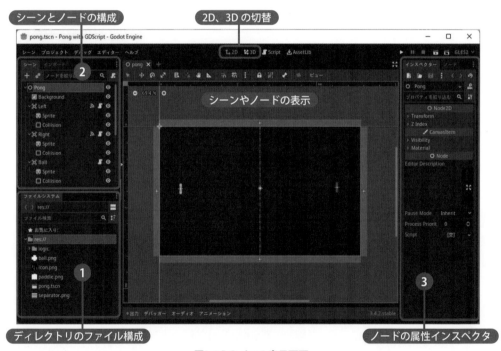

図3.1●Godotの表示画面

Godot は主に、「シーン」とシーンを構成する部品である「ノード」からつくられる。シーンは文字通り映画等の用語であるシーンであるが、Godot プログラミングでは、ユーザインターフェイス（UI）であると考えてもいい。プログラミングは UI 上にボタンなどを配置してユーザの操作画面を構成していく。その配置する部品やゲームにおけるプレーヤや敵も Godot においては「ノー

ド」によって構成されていく。

　例えば、図 3.2 はシーンにボタン（Button ノード）一つが配置された UI（ユーザインターフェス）である。

図3.2●シーンに含まれるボタン（Buttonノード）

　Godot の IDE 画面の一番上には、2D、3D の切り替えボタンがある（表示も 2D、3D）。3D のシーンは 3D 用のノードを拡張して定義していく。つまり、シーンと言ってはいるが Godot においてはシーンはノードの一種（ルートノード、コントロールノードという。アイコンは◎で色が異なる）であり、たまたま UI 用のコントロールノードを準備してそれをシーン（のノード）としているだけである。つまり Godot で重要な点は、このシーン（ルートノード、コントロールノード）に部品のノードを配置しシーンを作り上げていく。この遷移を掴んでしまえば、プログラミングはかなり楽になる。

■ 3.1.2　ディレクトリのファイル構成

　図3.1の①のエリアでは、プロジェクトのファイル構成を表示している。必要なプロジェクト
を構成すると、構成されたディレクトリ（フォルダ）でGodotIDEにとって重要なファイルが「ファ
イルシステム」上に表示される（図3.3）。

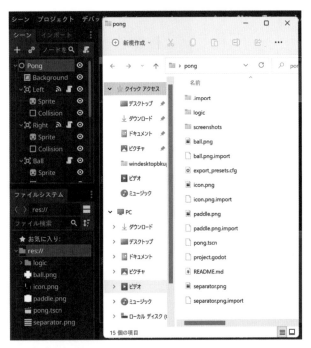

図3.3●Godotのファイルシステムと OS 上のフォルダ比較

　このフォルダに使用するファイル（リソース）などを入れると、表示されるフォルダ構成も変
化する。現在、画像がpngで入っているのは、背景部分を透明化して「抜く」ためである。ま
た拡張子「tscn」はシーンファイルである。つまりここではシーン「Pong」がシーンファイル
Pong.tscnとして保存されている。

■ 3.1.3　シーンとノードの構成とインスペクタ

図 3.1 の②のエリアでは、シーンに対してのノードの追加と編集が行える。②上のノード「Left」をクリックすると、左側のパドルが選択され、その属性（図 3.1 ③インスペクタ：ノードの属性表示）が表示される（図 3.4）。

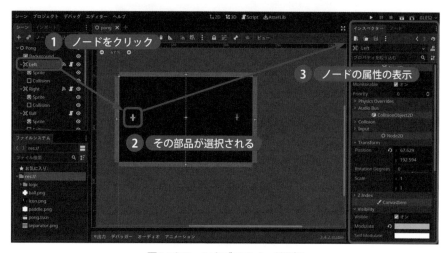

図3.4●シーンタブでのノード選択

さらに、ここの見え方の意味を確認する（図 3.5）。

図3.5●ノードの隣の記号一覧

①上のノードアイコンの隣にある「Wifi」のようなイメージのアイコンは、Godot の制御で重要な「シグナル」を示している。シグナルとはクリックなどのアクションを与えられた場合の挙動制御をする。例えばボタンノードでのクリックのシグナルは、シーンの遷移や別のノードへの処理の委譲などの制御に用いる。

　画面上で、シグナルをクリックすると（図 3.6）、インスペクタタブがノードタブに切り替わり、緑の「接続アイコン」が表示されていることから、Left ノードから「_on_area_entered」というシグナルが発生していることがわかる（図 3.7）。先頭の「_」（アンダーバー）はもともとノードが保有しているメソッドという意味である[1]。

図3.6●シグナルのクリック

図3.7●シグナルの表示

　また、Left は Area2D という「ノード」である。ノードはプログラミングおける、オブジェクトや型のようなものである。この Area2D は範囲を定義できる。その範囲にもとづいて接触（コリジョン）を制御する。接触を検知すると「シグナル」を発行し、他のノードに知らせる機能をもつ[2]。Area2D のシグナルによる制御は脚注の公式ページでより詳しく確認できる。

　シグナルの確認方法が理解できたところで、肝心の制御スクリプトの編集に入る。スクリプトは巻物のような「アイコン」（図 3.8）をクリックし遷移する。また、スクリプトからノードの表示に戻るにはノードアイコンをクリックする。

図3.8●スクリプト表示

※1　正確に理解するには、他の言語系を考えると良い。他の言語系ではバーチャルメソッド・仮想関数の意味をさす。クラスではメソッドのテンプレート（型）があるがインスタンス（メモリ上の確保）されていない

※2　「Godot API Area2D」https://docs.godotengine.org/ja/stable/classes/class_area2d.html

3.2 スクリプトエディタの解説

Godotのスクリプトはそれぞれのノード毎に分けられ、logicフォルダに格納されている（図3.9）。logicフォルダを見ると、このプロジェクトには4つのスクリプトがある。

図3.9●スクリプト一覧

ファイルの拡張子は「gd」である。gdは「Godot Script」の略称と推測される。スクリプトは、ボール（ball.gd）と天井／床（ceiling_floor.gd）、左右の壁（wall.gd）、左右のラケット（パドル）（paddle.gd）に分けられている。それぞれは天井と床、左右の壁、また、パドルのスクリプトとしての役割がある。パドルのスクリプトは左右に分かれておらず、1つのスクリプトで左右の処理をするようになっている。

この章ではパドルのプログラムを改良していく中で、Godotの考え方を学ぶ。

編集したいスクリプトを選ぶと、図3.10になる。

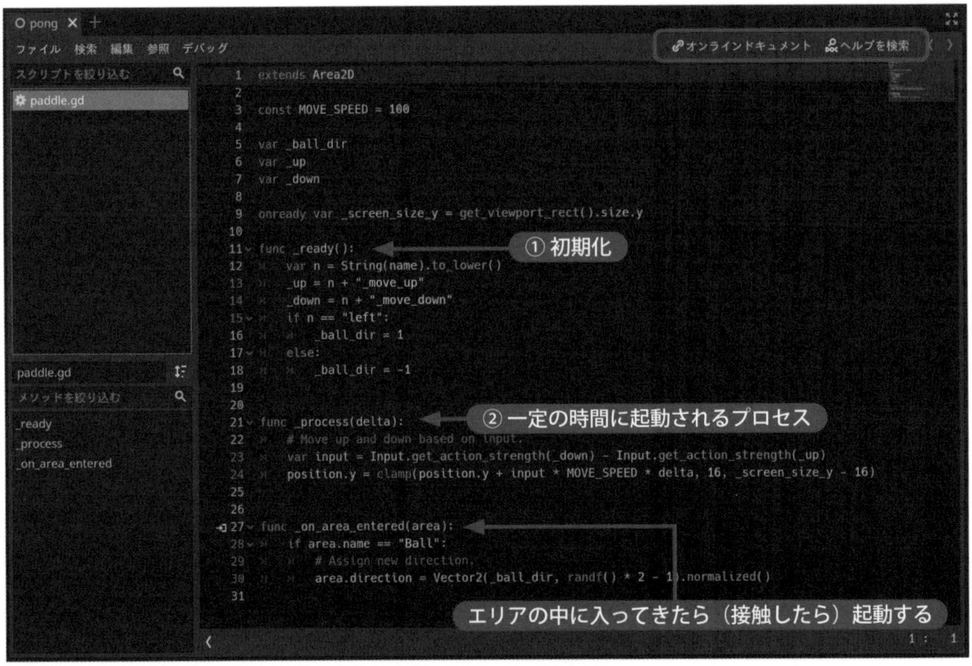

図3.10●スクリプトエディタ

　スクリプトを編集する場合に、この IDE のクセを理解しておく必要である。

　Godot に必要な機能や応用は図 3.10 上部からたどれるオンラインドキュメントか、ヘルプで検索する。日本語の技術ブログもまだ少なく、特に技術上の Q&A に関してはほぼ英語となってしまうので、適宜 Web ブラウザの翻訳機能を活用して欲しい。

　次の節ではサンプルを理解する範囲に絞って GDScript を解説する。

3.3 GDScript 早わかり

GDScript は Python 言語をベースとしたスクリプトである。文法、キーワードはほぼ Python 言語である。

できれば何らかの方法で Python 言語を一通り学習してから、GDScript に取り組むことが望ましい。特に Python 言語を知らなくても Godot はプログラミングが可能であるが、ロジックを考える際には最低限の Python 言語への慣れ親しみはあったほうがよい。従って、Python 言語の特徴を理解した上で、学習をはじめることは Godot 学習の早道であると考える。参考書は手前味噌でもあるが筆者監修の「Python[基礎編] ワークブック」（カットシステム）[2] も参考にしてもらえると良い。

3.3.1 全体として：順接

GDScript については、Godot ドキュメントの「GDScript の基本」[*3] を参照して予約語や基本の構文などを確認して欲しい。

GDScript は大抵の場合、実行をさせたいノード（オブジェクト）があり、それに対応づけるスクリプトを生成して、そのスクリプトの中に必要な機能を書き込む。

GDScript は、スクリプト言語なので、上から順番に実行される。順番に実行されることを、**順接**という。但し、Godot において、はじめに理解して欲しい重要なことは、ノードの初期化の際に呼ばれる「func _ready()」メソッド（図 3.10 ①）と、ある一定時間（描画フレームレート）毎に呼ばれる「func _process(delta)」メソッド（図 3.10 ②）である。「func」は function の略で、他のオブジェクト指向言語では「関数」と呼ぶこともある。

具体的には _ready() メソッドの中には、ノードの初期設定など、_process(delta) メソッドの中には描画フレーム毎でのノードの移動やキー入力などを処理させる。_process() メソッドの中に、処理を多く書き過ぎると描画フレームに処理が収まらず、間隔時間が延び、処理落ちをしてしまう。

このことから、シーンやノードをできるだけ軽く設計するのが Godot の設計思想と思われる。そしてシーンをできるだけ動的に呼び出すように工夫して、リソースを固定的に使用しない、軽いアプリケーションを目指すのが Godot によるプログラミングの際に重要なことだと思われる。

※ 3 https://docs.godotengine.org/ja/stable/tutorials/scripting/gdscript/gdscript_basics.html

やってみよう！ **process() の実行時間（描画レート）の表示**

- Left ノードの _process(delta) の中に、print() メソッドを用いて、出力ウインドウに delta の値を表示してみよう。
- インデントは行頭を意識して、タブもしくは空白に統一する。インデントについては後ほど詳述する。

GDScript は Python 言語に似ているので、C 系の言語と異なり、「;」による文区切りがない。そのため、厳格なインデントによるスコープ管理が必要になる。スコープを無視するとエラーになり、プロジェクトの動作確認ができないので、注意して欲しい。

行番号の横に出ている「>|」がインデントの印である（図 3.11）。

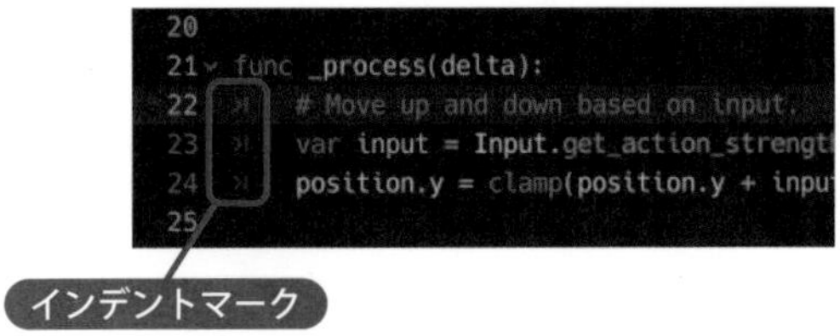

図3.11●インデントマーク

Godot の IDE 上のスクリプトエディタではインデントマークが、各行毎に表示されなければ、空白がインデントで用いられている可能性があり、インデントエラーになる。他のエディタなどと比べて厳格である。カーソル位置が行頭であれば、タブでインデントマークを挿入できる。

図 3.12 のこのエラーは空白とタブを混ぜていることによる、インデントエラーである。

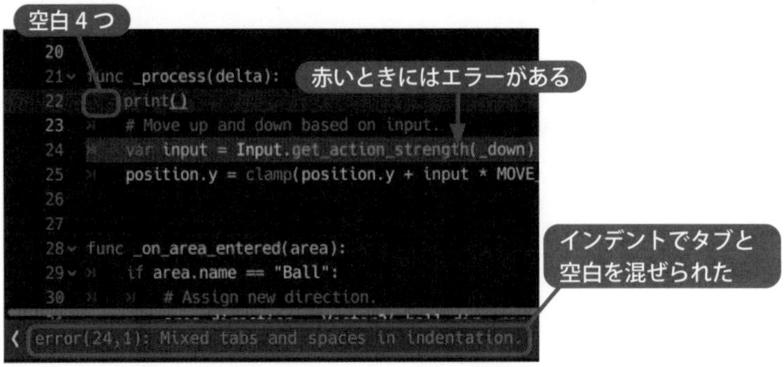

図3.12●インデントエラー

エラーメッセージは英語であるが、読み込む努力を各自でお願いしたい。

また、最近のモダンな IDE では必ずコードアシストがあるので、Godot の IDE でも活用して欲しい（図 3.13）。

図3.13●コードアシスト

「やってみよう！」ができれば、_process(delta) メソッドの呼び出されている時間がわかるはずである（図 3.14）。

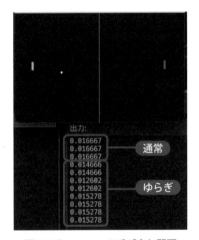

図3.14●_processの呼び出し間隔

単位は「秒」である。この値（0.01666……）は 1/60 と同じであり、Godot のゲームエンジンは 1/60 秒ベースのフレーム描画動作間隔で各ノードが制御されていることがわかる。この間隔の時間を割り込み時間と言ったりする。図 3.14 の呼び出し時間が揺らいでいるのは、スクリーンショット撮影の割り込み（OS 操作）で発生した揺らぎである。ゲームにサクサク感が無くなり、うまく行かなくなったときはこの割り込み内での実行処理を工夫して、1/60 秒以内に収めるチューニングを施す必要があるかもしれない。

公式サンプルなどを読み込むと、移動距離などにこの delta との演算を施しているケースがある。つまり delta と演算することで割り込み時間が揺らいでも、移動距離を一定にしたい目論見

があると推測できる。このように delta はメソッドのタイムスライスの呼び出し時間であるので、それの使用方法はケースバイケースといえる。

3.3.2 選択、繰り返し

次に、Python 言語の主要文法をいくつか確認しておく。まずは**選択**と**繰り返し**の構文である。

コード3.1●if文

```
1   if n == "left":
2       _ball_dir = 1
3   else:
4       _ball_dir = -1
```

これは、文字列 n が "left" のとき（真）と、そうではないとき（偽）の分岐を示している。文字列はダブルクオーテーションか、もしくはシングルクォーテーションで示される。

繰り返しは、Python 言語は for を用いることが多いが、近年のモダンな言語と同様に、リスト（配列のようなもの）の中身をある変数に代入して for ループの処理で使うこともする。

コード3.2●for文

```
1   for i in range(1,11):
2       print(i)
```

これは変数 i に range() メソッドによって生成された 1 から 10 までのリストの要素を順々に代入し、print() メソッドで表示する繰り返し文である。range の中は「1 以上 10 未満」と書くと覚えよう。この変数 i を使わず単純なループとしたい場合は、i を _（アンダーバー）としてもよい。もちろん、print の中身の i は使えなくなる。

同じものを while で書くと以下のようになる。while の直後は式であり、式を成立させるための変数と初期化が必要である。変数をインクリメントさせるための演算も含まれている。

コード3.3●while文

```
1   var i = 1
2   while i < 11:
3       print(i)
4       i += 1
```

3.3.3　ゲームの改良で理解する

> やってみよう！ 　**【改良】左のパドルの自動制御**
>
> - このゲームでは、左のパドルは「W-Z」、右は「矢印キーで」右と左を同時に動かさなくて はならない。右の操作のみで一人でも遊べるようにするにはどうすればいいか。
> - つまり、左のパドルが自動で動くようにする。
> - 自動で動かすには、ボールの y ポジションとパドルの y ポジションの一致で動くようにすればいい。
> - さらに paddle.gd は 1 つ（左右別ではない）なので、_process(delta) の内部を工夫して 左右を振り分ける。

考え方を以降に示す。

ボールのポジションは Godot では以下のように得る。まず自分以外のノードにアクセスするには、get_node() メソッドを使って得られる。これには最上部 root からのシーンとノードの位置関係を区切り文字 / を使って書けば良い。

このサンプルの場合、/root にはもともとのシーンの Pong があり、その下に Ball ノードがあることから、"/root/Pong/Ball" という引数をつくることで、Ball のプロパティ（内部の変数）を得られる。中身を表示したい場合はプリントメソッドで確認する。再利用するので、target という変数を準備し代入しておく。

コード3.4●get_node("ノードのポジション")

```
var target = get_node("/root/Pong/Ball")
print(target.position)
```

ボールのポジションは 2 つの値が含まれている。y 側の値のみアクセスするには target.position.y として 2 番目の値を取り出せる。

さて、Left が呼ばれているのか、Right が呼ばれているのかの切り分けは、_ready() メソッドの中を参考にする。変数 n が Left というコードから左右の切り分けは以下のコードで確認ができる。

コード3.5●小文字変換

```
var n = String(name).to_lower()
```

to_lower() が混じっているのは、名前に大文字小文字が混じっている可能性があるため、小文字に統一している。

これらを踏まえ、左右判定も含めて、_process(delta) を書き直すと以下の通りになる。

コード3.6●_process(delta)の変更

```
1  func _process(delta):
2      var n = String(name).to_lower()
3      var target = get_node("/root/Pong/Ball")
4      #print(target.position)
5      # Move up and down based on input.
6      if  n == "left":
7          position.y = target.position.y
8      else:
9          var input = Input.get_action_strength(_down)
                                     - Input.get_action_strength(_up)
10         position.y = clamp(position.y + input * MOVE_SPEED * delta, 16,
                                             _screen_size_y - 16)
```

先頭に「#」をつけるとコメントアウトできる。

4

イチから 2D 衝突検出（コリジョン）
サンプルを作る

この章で学べること

- Godot の衝突検出（コリジョン）サンプルを作る。
- Godot でのシーンとノードの関係。
- 逃げ回った時間がスコアになるゲームを作る。
- 障害物を新たに設置し、Mob がぶつかったら得点とするゲームを作る。

4.1 Godot の挙動を復習しよう

ここまでで、Godot の大まかな挙動は理解できていると思う。一旦復習をする（図 4.1）。

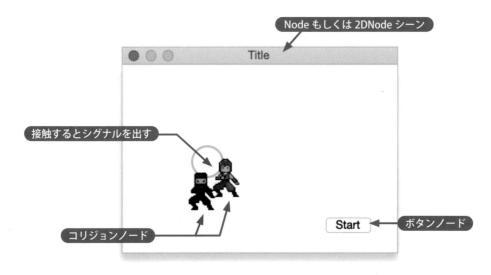

図4.1●UIとシーンやノードの関係

図中のラベル：
- Node もしくは 2DNode シーン
- Title
- 接触するとシグナルを出す
- コリジョンノード
- Start
- ボタンノード

シーンはノードの 1 種類でもあり、シーンの役割をになうノードに配置して UI をつくる。ノードの種類は後述する。またノードは Godot の IDE 上でキーワード検索して探し出す方法が早い。その本書でよく用いられる検索ノード名を付録 C と付録 D に表記する。

Godot のノードは常に動作していて、3.3.1 節で示したように、概ね 1/60 秒毎に実行されていく。またノードは OS と連携するので、他のアプリケーションの動作を阻害しないようにつくられている。これは、モダンな OS やモバイルではごくごく普通のプログラミング手法である。これらの OS は「プリエンプティブ・マルチタスク」をサポートしており、それに準拠したプログラミングの必要がある。そのためゲームの制御は「タイムスライス（Godot では 1/60 秒）」を意識しなくては「サクサク」「ヌルヌル」したゲームはできない。

プリエンプティブなシステムに対しての制御の 1 つの解がイベントとシグナルである。UI に対してユーザがアクションを起こす（イベント：マウスでクリックするなど）とシグナルが発生し、それに対応したメソッド（関数）が呼び出される。OS レベルではそれらの割り込み制御は既に準備されているため、ゲームエンジン側で対応するメソッドを実装して処理をプログラミングする。Godot では Godot 自身が発生させる標準的なシグナル（例：他のノードとの接触があったのでシ

グナルを発生させた）とそれに対応した自分の処理を記述するメソッド（例：接触した場合の挙動）
を定義、処理を実装していく。

　Godot の制御やモダンなゲームエンジンの基本的な処理は以上のようなものである。これはど
のゲームエンジンでも概ね共通していて、エンジンの表（おもて）に見えているか、巧妙に隠さ
れているか。意識するプログラミングが前提か、そうではないか、程度の差しか無い。Godot は
どちらかと言えばこの仕組みを意識したプログラミングを前提としている。プログラミングの際
にはシグナルと対応メソッドの関係を常に意識してもらいたい。

　簡潔に言えば、ノードの制御は、ほとんどシグナルに立脚しているといえる。

4.2 Godot の設計思想

　また Godot の設計思想は、どんな小さなものでもできうる限りシーン化しておく、という発想
である。シーンは対応したシーンファイルが作られるが、それにはファイルシステム上の構造も
含めてリソース（例：画像データや 3D データ）を複合しておけば、他のプロジェクトに転用がで
きる。また、敵のシーンの扱いは、それをフィールドのシーンに「動的」に結合すれば、敵の数
も自由自在にコントロールできる。衝突などのイベントのコードも「シグナル」で制御する。

4.3 設計思想に準じていない Godot サンプルの考え方

　Godot の設計思想に準じてはいないが、Godot がよくわかるサンプルを使って、イチからゲーム
を作る練習をしよう。つくろうとするサンプルは図 4.2 である。

図4.2●簡単なサンプルの模式図

　まず、メインのシーンを準備し、そこに 2 つのノードを準備する。キー操作のできる Player（赤
い忍者）がいて、Mob（黒い忍者）から逃げ回る。ノードにはそれぞれ png ファイルによるキャ
ラクタを持ち、コリジョンを準備して衝突を検知する。コリジョンが検出されれば「サドンデス」
となる。またあとから、日本語フォントを設定したスタートボタンなどを含んだ初期画面を準備
する。

4.4 必要なリソースの入手

まず、必要なリソースを入手する。主には日本語表示のフォントの入手とボタンなどの入手である。

4.4.1 フォントの入手

Godot は今のところ自動での日本語表示に対応していないのでノードに日本語フォントを設定して、日本語の UI を作成する。

TrueType フォントであればジャギーが気にならず、どのフォントでも良い。作品などで再配布が求められる場合は、著作権等に留意して公開の場合に問題のないものを選ぶべきである。今回は「M+ FONTS」をおすすめする（図 4.3）。

図4.3●「mplus フォント」の検索結果

OSDN を経由して、「M+ FONTS」の公式 GitHub（https://mplusfonts.github.io/）にアクセスする。ライセンスには必ず目を通そう。公式のライセンスは以下のとおりである。

「新しい M+ FONTS (GitHub) は SIL Open Font License で公開されています。
このライセンスは Free Software Foundation によってフリーソフトウェアライセンスと認められています。
このライセンスを保持する場合に限り、フォントの使用、改変、そして改変の有無にかかわらず再配布、ドキュメントへの埋め込み、パッケージ化しての販売などを自由に行うことができます」

ダウンロードから好みのフォントを選択する。ここでは Mplus2-Medium.ttf を使用する（図4.4）。

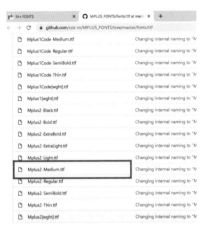

図4.4●M+fontのダウンロード

4.4.2　グラフィックスの入手

この章で必要な png ファイルは出版社の読者向けホームページに準備されている zip ファイル「第 4 章」フォルダにある。赤い忍者の「Player_front.png」と黒い忍者の「Mob_front.png」を使用する。

4.5 プロジェクトの新規作成と設定

Godot を起動し、「新規プロジェクト」を選ぶ（図 4.5）。

図4.5●新規プロジェクトの選択

適切な場所で、プロジェクトを生成する（図 4.6）。

図4.6●新規プロジェクトの場所

ファイル名の付け方によってはプロジェクト名に空白が入ることがある。空白を省き、プロジェクトのパスに留意する（図 4.7）。

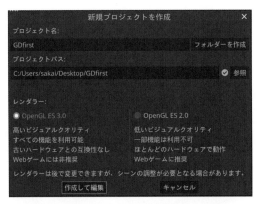

図4.7●新規プロジェクト名の空白を削除する

2D のプロジェクトに変更する（図 4.8）。

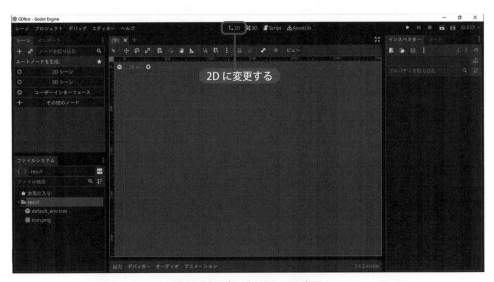

図4.8●2Dプロジェクトへの変更

まず、この全体のプロジェクト設定をする（図4.9）。

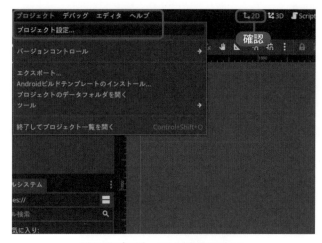

図4.9●プロジェクト設定の呼び出し

　検索ボタンを押して、プロジェクト設定のプロパティを入力する。プロパティは付録Bに頻繁に設定するものを一覧としている（図4.10）。

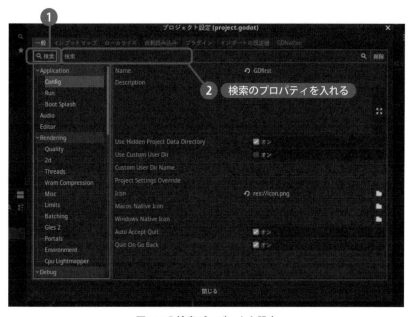

図4.10●検索プロジェクト設定

　次に、ウインドウの大きさの固定をする。プロパティのフォームに「wi」と入力し、関連する設定事項を探す。幅と高さはデフォルトの width:1024, height:600 でよい。ユーザによるウインドウサイズの変更を禁止するために、resizeble: チェックをオフ、設定画面の下の方の、Stretch - Aspect を keep に変更する（図 4.11）。

図4.11●プロジェクト詳細設定

　これで「ランドスケープ型（横長）」の設定が完了する。

4.5.1　必要なデータのマージ

　作成したフォルダに使用データを「コピー」する（図 4.12）。

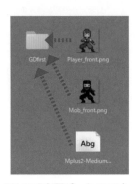

図4.12●必要データのコピー

コピーすると Godot の IDE の「ファイルシステム」に反映される（図 4.13）。

図4.13●グラフィックスのファイルシステムの反映

4.5.2　Main シーンの設定と実行

ここからシーンとノードの挙動理解のサンプルをつくっていく。前述した通りシーンに 2 つの
ノードを含み、接触によってシグナルを出すサンプルとなる。

シーン倍率を設定しておく（図 4.14）。IDE の中央、シーン表示タブの左上が倍率である。

図4.14●シーン倍率設定

シーン管理のタブから、「その他のノード」を選ぶ（図 4.15）。

図4.15●新規シーンの設定

最上の、「Node」を選択する（図 4.16）。

図4.16●シーン用のNode選択

シーンに Node が追加される（図 4.17）。

図4.17●追加されたNode

Node を Main に変更する（図 4.18）。

図4.18●名称をMainに変更

ここでシーンを保存する。作成したシーンやデータが失われないようにこまめに保存する（図4.19、図 4.20）。

図4.19●シーン保存メニュー

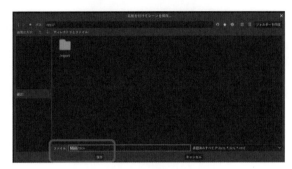

図4.20●シーン保存ダイアログ

ファイル拡張子は「tscn」になる。

ファイルシステムにシーンファイルが増えている（図4.21）。

図4.21●シーンファイルの確認

シーンの実行は左上の「実行」アイコンを操作する（図4.22）。

図4.22●シーンファイルの実行

　左の「実行」アイコンはプロジェクト全体の実行である。Godot は複数のシーンから構成されるので、全体を実行する場合一番はじめに実行される「メインシーン」設定する必要がある（図4.23、図 4.24）。

図4.23●メインシーンの選択

図4.24●メインシーンの一覧からの選択

　また、編集シーンのみ実行する方法もある。図 4.22 の右側の「シーンを実行（映画の「カチンコ」アイコン）」をクリックする。

　デバッグを停止するには「停止ボタン」アイコンをクリックする（図 4.25）。

図4.25●デバッグの停止方法

4.6 「ノード」の追加。Player と Mob（敵）

　ここから Player や Mob（敵）のノードを追加する。ここで「ノード」としているのは、正しいあり方は Godot ではこれをシーンとして設計する。しかし、今回は理解をすすめるためにノードとして扱う。

　シーンタブの「＋」印から新しいノードを追加する（図 4.26）。もしくは Main シーンの右クリックでも新しいノードを追加できる。

図4.26●ノードの追加

　ここで検索キーワード「Node」を入力して、関連する一覧を表示する（図 4.27）。

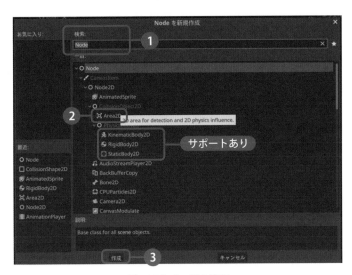

図4.27●ノードの検索

　今回は「Area2D」を用いる。これを用いる理由は、タイムスライス内で位置のプロパティ（position）に直接演算して制御したい理由がある。また重力サポートは不要なため、Area2D を用いる。

　図 4.27、Node の木構造をよく観察しておこう。まずオブジェクトの関係は衝突検出（コリジョン）が可能な「CollisionObject2D」が親である、その下に「Area2D」があり、更に重力などをサポートする「PhysicsBody2D」がある。

　コリジョンの設計では、Node の種類をまたぐとコリジョンがうまく働かない場合がある点に留意する。具体的には、物理をサポートするノードはそれ同士、Area2D は Area2D 同士で設計するとコリジョン不検出の不具合の防止になるだろう。

　作成できたら「Area2D」の名称を「Player」に変更しておこう（図 4.28）。

図4.28●ノード名をPlayerに変更する

　Player ノードにはキャラクタと、衝突の領域を設定する必要があるため、ノードを追加する。それぞれ Player を選択後、図 4.26 の操作と「AnimatedSprite」「CollisionShape2D」を図 4.27 のダイアログから検索して追加する（図 4.29）。

図4.29●Playerノードにキャラクタとコリジョンを付加する

　本来、AnimatedSprite はアニメーション機能が付属しているスプライトであるので、複数画像を登録することができる。しかし本章ではアニメーションなしの 1 枚画像の用い方をする。

　黄色三角のエラーは後から解消する。

同様に敵の「Mob」を追加する。構成は Player と同様である（図 4.30）。

図4.30●Mobの追加

ここで一旦シーンを保存する。データを失わないように、こまめに保存を忘れないことである。

4.6.1 PlayerとMobのキャラクタ設定とコリジョン設定

まずノードの見た目（キャラクタの設定）をする。Player の AnimatedSprite をクリックし、右のインスペクタタブから、「Frame」プロパティの「新規 SpriteFrames」を選択する（図 4.31）。

図4.31●SpriteFlamesの追加

インスタンスされた SpriteFlames の右にある下向き矢印をクリックし、編集を選ぶ（図 4.32）。

図4.32●SpriteFlamesの追加

ここで、Godot の IDE の最下部がアニメーション（スプライトフレーム）モードになる。アニメーションフレームに Player_front.png をドラッグしよう（図 4.33）。

図4.33●アニメーションの0フレームに画像を追加

次にコリジョンを設定する。色々な領域設定の方法があるが、今回は「四角」を使う。CollisionShape2D の Shape の「空」の右をクリックし、RectangleShape2D を新規で選択する。その中の「新規 RectangleShape2D」を指定する（図 4.34）。

図4.34●コリジョン領域種類の選択

　表示される水色四角が、衝突検出領域である。赤い点をドラッグして、キャラクタを取り囲むように大きさを調整する（図 4.35）。

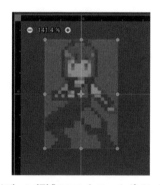

図4.35●コリジョン領域のコントロールポイント（赤い点）

黄色三角のエラーは解消されているはずである。

やってみよう！　**Mob のキャラクタとコリジョン**

● Mob にキャラクタを設定しよう。
● Mob_front.png を AnimatedSprite に設定すると座標原点が同一のため、Player の画像に重なる。

「やってみよう」ができたら、データを保存しておく。

■ 4.6.2 衝突関係・コリジョン関係の明示と設定

　Godot は、衝突を検知した場合にはそれに応じたイベントのメソッドが呼ばれ、その中にシグナルを定義して、そのシグナルを送出して衝突検知をする。そのため、多数のノードが混在するようなゲームプロジェクトでは、衝突検知・コリジョンの関係がわかりにくくなる場合がある。Godot は、IDE の「プロジェクト設定」でノード同士の衝突関係を明示できる。

　この明示の方法は、シーン設計の際に重要であるので正確に理解しておこう。

　まず「プロジェクト」の「プロジェクト設定」で、「Layer」で検索し、設定のダイアログを表示する（図 4.36）。

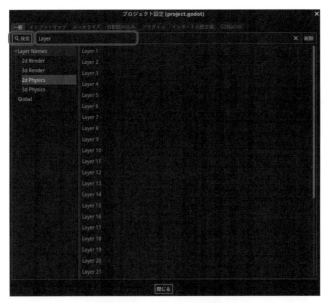

図4.36●コリジョン名設定画面

次に、「2DPhysics」を選び、それぞれのレイヤにノード名を入れる。ノード名と同じ「Player」と「Mob」としておく（図4.37）。

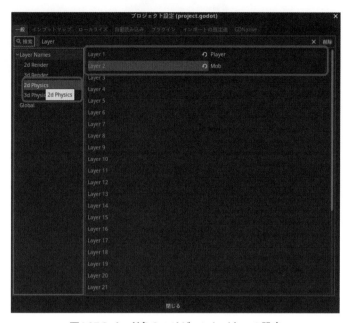

図4.37●ノード名のコリジョンレイヤへの設定

設定の確認は次のようにする。プレイヤーノードを選択し、インスペクタタブの「Collision」から「Layer」を確認する。マウスポインタを重ねると1番目には「Player」、2番目には「Mob」と表示される（図4.38）。

図4.38●CollisionLayerの設定チェック

この Collision 設定の見方は「Layer」が自身の属する「グループ」である。Mask はコリジョンを検出する対象である。従って Player であれば、Layer の Player の場所が白くなる（ビットを立てる）ようにクリックし、コリジョン検出対象の Mob については、Mask の該当場所にビットを立てる（図4.39）。

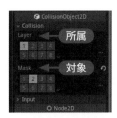

図4.39●Collisionの対象設定

このようにすると「Player は Player グループに属して、Mob グループとの衝突を検出する」と明示できる。

Mob に関しても同様である。所属と対象は Player と逆にセットすることになるので注意する。

詳細は Qiita の記事「【Godot】コリジョンレイヤーとマスクについて」[1] にも詳しいので参考にできる。

4.6.3 Player の GDScript による制御

次に、スクリプトを組んで、コリジョンを働かせて、ゲームっぽいサンプルに仕上げていく。
Player をクリックしておいて、スクリプトを新規で作成する（図 4.40）。

図4.40●スクリプトの新規作成

スクリプトの場所などを確認するダイアログが出る（図 4.41）。

図4.41●スクリプトの作成場所の確認など

※ 1　https://qiita.com/2dgames_jp/items/062ab83ea1fcdb2c7f5e

作成するとファイルシステムに追加される（図4.42）。

図4.42●Player.gdがファイルシステムで確認できる

新しく作られた GDScript は IDE の中央に表示される。IDE の中央の表示は自動でスクリプトエディタに切り替わる。

直前に操作していた視覚的なシーンエディタに戻るには、Godot の IDE 最上部の 2D,3D,Script,AssetLib で切り替える（図4.43）。

図4.43●Player.gdのスケルトン

ここでは、Player のキャラクタの移動を矢印のキー入力によって実行する。以下に、Player ノードのスクリプト全体を示す。

コード4.1●Player.gd（全体）

```
1   extends Area2D
2
3   var speed = 400  # Playerの速度 (pixels/sec).
4   var screen_size  # game windowの大きさ.
5   # Declare member variables here. Examples:
6   # var a = 2
7   # var b = "text"
8
9
10  # Called when the node enters the scene tree for the first time.
11  func _ready():
12      screen_size = get_viewport_rect().size
13      set("position", Vector2(screen_size.x / 2, screen_size.y / 2) )
14
15  # Called every frame. 'delta' is the elapsed time since the previous frame.
16  func _process(delta):
17      var velocity = Vector2()  # The player's movement vector.
18      if Input.is_action_pressed("ui_right"):
19          velocity.x += 1
20      if Input.is_action_pressed("ui_left"):
21          velocity.x -= 1
22      if Input.is_action_pressed("ui_down"):
23          velocity.y += 1
24      if Input.is_action_pressed("ui_up"):
25          velocity.y -= 1
26      if velocity.length() > 0:
27          velocity = velocity.normalized() * speed
28      position += velocity * delta
29      position.x = clamp(position.x, 0, screen_size.x)
30      position.y = clamp(position.y, 0, screen_size.y)
```

以下主要な変数やクラスのメソッドを解説する。

- Python 言語では変数定義は var で行う。
- 3行目：移動速度を定義。var speed = 400。
- 4行目：画面の大きさを得る変数を定義。var screen_size。
- 11行目：このノードがインスタンスされたときに呼ばれる _ready() メソッドを用いて、ノー

ドの位置を決めておく。具体的には以下のコードになる。

- 12行目：get_viewport_rect().size を用いて、アプリケーションのウインドウサイズを得られる。
- 13行目：画面の中央に Player をセットする。position プロパティは2次元のベクトルであり、x と y の2成分を持つ。そこで position プロパティに対して、set("position", Vector2(screen_size.x / 2, screen_size.y / 2)) メソッドによって、x、y に座標をセットをする。
- 16行目：_process(delta) については、自動生成された時にはコメントアウトされている。その「#」を外して、func _process(delta): の中身をコーディングしていく。自動的に生成された英語の「註釈（15行目）」にもある通り、このメソッドはフレーム毎でコールされる。
- 17行目：Vector2() は、x、y2つの成分をもつ、位置を格納するオブジェクトである。
- 18、20、22、24行目：ここで移動の4方向を決めている。Input オブジェクトは PC のインターフェイスからのインタラクションを得られる。後半のメソッドで何からの入力か判断できる。ここではキーボード入力を検出する。Input オブジェクトにマッピングされているキーは「プロジェクト設定」の「インプットマップ」から確認ができる（図4.44）。

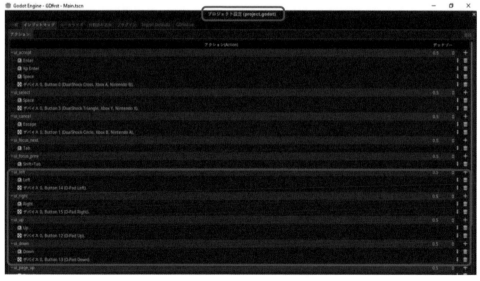

図4.44●入力のマッピング確認

検出キーによって、volocity のそれぞれの成分に1か–1の増分量を設定している。
- 29、30行目：Player の位置は、Player 画像の中央位置を基準にして、clamp メソッド（範囲で丸め）によってウインドウサイズに収まるように制御されている。

ここでシーンを実行すれば、Player が矢印キーで動かせるようになるはずである。

■ 4.6.4 Mob の GDScript による制御

Mob に関してはキャラクタを追いかける動作を定義する。Player と同様に、新規で Mob.gd を作成し、以下のように書き換える。

コード4.2●Mob.gd（全体）

```
1  extends Area2D
2
3  var screen_size  # Size of the game window.
4
5  # Declare member variables here. Examples:
6  # var a = 2
7  # var b = "text"
8
9
10 # Called when the node enters the scene tree for the first time.
11 func _ready():
12     randomize()
13     screen_size = get_viewport_rect().size
14     set("position", Vector2( randi() % int(screen_size.x),
                                          randi() % int(screen_size.y)) )
15
16
17 # Called every frame. 'delta' is the elapsed time since the previous frame.
18 func _process(delta):
19     var velocity = Vector2()
20     var target = get_node("/root/Main/Player")
21     velocity = target.position - self.position
22     position += velocity.normalized() * 0.1
```

同様に解説する。

- 11 行目：Player と同じように _ready() メソッドで Mob の初期の位置を position にセットする。
- 14 行目：Player と異なるのは、整数型乱数を返す randi() メソッドを用いて乱数を発生させ、それを元にウインドウの幅と高さの剰余で、Mob の位置を決めている。
- 18 行目：_process(delta) で、Mob の追っかけロジックを作る。

- 20行目：親に設置されているノードのプロパティを参照するために get_node() メソッドを用いる。
  Godot の IDE 上でのファイルパスに準じて記述する。パスの先頭に /root を付加すると root シーンから各シーンにアクセスでき、シーン毎にノードの名前をたどって、プロパティを得られる。
- 21、22行目：追いかける場合は目標の座標から、自分の座標を引いて（target.position - self.position）、一旦正規化し（velocity.normalized()）、**適切な重みをかけて（実行環境によって異なる）**[2] 適切な移動速度にする。追っかけロジックの考え方を図 4.45 に示す。

図4.45●追っかけロジック

■ 4.6.5　コリジョン発生の自己診断

　通常のゲームではノード同士の衝突発生を検知してイベント制御していく。この発生を伝達する仕組みを作り込む。

　コリジョンが発生した場合には、通常ではシグナルを用いて、他のノードに伝達する。シグナルが必要な場合「エミット」によって「放出」が必要である。

　まずこのサンプルのケースでは Player のみにこの機能を持たせよう。Player.gd の初めの方にシグナルを定義する。

```
signal hit
```

このシグナルは実際にコリジョンが発生したあとに用いられる。

※2　環境によらず一定の速度を保ちたいのなら、0.1 のような定数を用いるべきではない。重みに関してわかりやすくするためにここでは定数にしている。delta を用いて、例えば delta の 10 倍などは適切であろう。色々と試してもらいたい。

コリジョンが発生したあとに用いられるメソッドの一例は「_area_entered」である。このシグナルのためのメソッドは自身のノードの範囲に何か別のコリジョン対象が入ってきたという意味を持つ。具体的な定義の方法を以下に示す。

Player をクリックし、ノードタブから _area_entered を右クリックで選択する。そして「接続...」を選択して、_area_entered の実体を定義する（図4.46）。

図4.46●ノードの衝突によるコリジョン発生のシグナルの伝達

今は Player に対して操作を行っているため、接続先は Player である。シグナルを受け取るメソッドは _on_Player_area_entered となる。接続ボタンを押して、Player.gd にメソッドの実体を生成する（図4.47）。

図4.47●コリジョンメソッドの自動生成

Player.gd の最下部にシグナル用のメソッドが作られるので、それを以下のように書き換える。

コード4.3●シグナル用メソッド

```
func _on_Player_area_entered(area):
    emit_signal("hit")
    # print("hit")
```

　シグナルが発生しているか、ここまでのコーディングでシーン実行後確かめることができる。＃を外して print 文を活かしシーンを実行すると、Player が追いつかれたら IDE の出力に「hit」と表示される。

4.7 # ゲームの開始と終了

　このサンプルでのゲーム制御は、スタートボタンで開始し、Mob から Player が逃げ切れなかったら、ゲームオーバとなる想定をする。つまり、開始直後は Player と Mob は隠され、ゲームスタートのボタンのみ表示されている。ボタンを押すとゲームが始まるアプリを考える。

4.7.1　ノードの非表示

　Player と Mob の起動時の非表示方法は、それぞれのノードの _ready() に self.hide() を書き込む。ここで実行してみるとわかるが、単純に見えなくなっているだけで、_process() メソッドは動作している。_on_Player_area_entered() メソッドの print 文を活かしてあれば、しばらくすると「hit」とデバッグ出力に表示されるはずである。

　ゲームとしては不完全で、学習過程のサンプルとしてはこれでもいいかもしれないが、よりよいアプリケーションの設計では、同一のシーンに全てを配置して動作させるのは Godot としては好ましいとは言えない。このサンプル全体をコントロールする仕組みは、後の第 6 章で考え、今は Godot のノードの仕組みの理解を優先しよう[3]。

※3　この点が、実はシーンとして全てのパーツを小さくし、動的に組み付ける Godot の設計思想につながってくる。add_child() などを用いて動的にコントロールするのが本来の方法である。この手法については第 6 章で詳しく解説する

■ 4.7.2 日本語表示を可能にしたスタートボタンの配置

では実際にゲームを開始するための、スタートボタンをシーンに導入する。

Main シーンをクリックして、Godot の IDE を Script から 2D のシーンエディタに切り替えよう。グラフィカルなシーンエディタになったら、Main シーンを右クリックして、子ノードを追加し、検索ワードに「button」を入力しよう（図 4.48）。

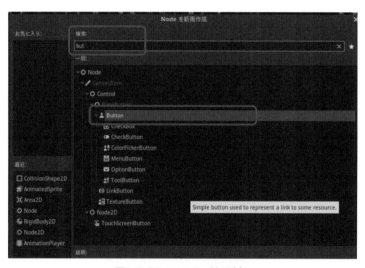

図4.48●Buttonノードの追加

ボタンを追加したら、名前を「Start」に変えておこう（図 4.49）。

図4.49●Buttonノードの名前変更

ボタンはこのままでは、日本語が表示できない。そこでこのボタンにはじめにダウンロードした「日本語フォント」を設定する。Start のインスペクタから font を検索して、「Theme Overrides」の中から「Fonts」を開き、「新規 Dynamic font」を選択する（図 4.50）。

図4.50●新規の表示fontの設定

また拡張子が ttf では直接読み込みができず、以下の「編集」の過程を経る必要がある。まず、その font に対して「編集」を選択する（図4.51）。

図4.51●新規の表示fontの編集

次に、FontData を開く（図4.52）。

図4.52●新規の表示fontの読み込み設定

ダイアログが出たら、fontを読み込む（図 4.53）。

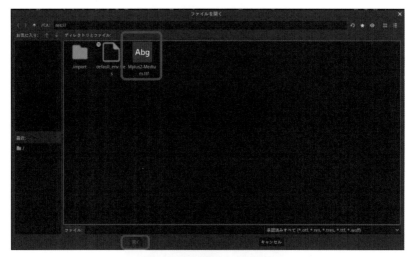

図4.53●新規の表示fontのセット

これで日本語のフォントが使用可能になる。インスペクタを以下の手順で操作して、ボタン表示のテキストを入力できる状態まで戻す（図 4.54）。

図4.54●フィルタプロパティについて入力可能な状態に戻す方法

ボタンの表示が入力できるフィルタプロパティまで戻したら、Text プロパティに「スタート」と全角仮名文字で入力する（図 4.55）。

図4.55●スタートと入力

Godot の IDE 上の Start ボタンの表示も日本語による「スタート」に変更されている。

次に、Start ボタンを適切な場所に配置する。配置には、シーン上の Start ボタンをクリックして選択しておいてから、Godot の IDE 上の「レイアウト」をクリックし、適切に配置する（図 4.56）。

図4.56●レイアウトによるボタン配置

ボタンが中央下に配置されると、Godot の IDE 上のレイアウトも変更される。

ここから、更に「Margin」を用いて適切な位置に移動する。「プロパティを絞り込む」フォームに margin として、Margin を開き適切な大きさになるように設定する（図 4.57）。緑色のアンカーからの相対位置なので注意する。

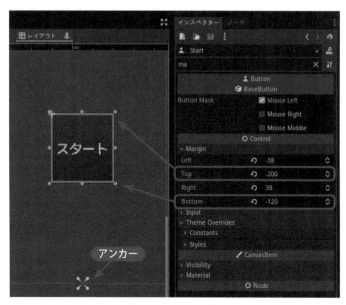

図4.57●Marginによるボタン移動

■ 4.7.3　他のノードのプロパティの取得

　このサンプルでは、他のノードのプロパティが必要になる。具体的な例では、自分のノードの下に配置された他のノードのプロパティ（例：有効無効のフラグや位置など）を得たい場合である。その場合、「$」によって参照する。このようにして図 4.58 のように、$ を用いて、AnimationSprite ノードや CollisionShape2D ノードのプロパティにアクセスする。

図4.58●$で得られるノード

■ 4.7.4　初期化メソッドからの括り出し

　複数箇所から呼び出す可能性のある Player と Mob の初期化処理は _ready() から括りだしてメソッドから独立させ、再利用を可能にしておく。

コード4.4●Playerの再利用初期化メソッド（Player.gd内）

```
1  func player_init():
2      screen_size = get_viewport_rect().size
3      set("position", Vector2(screen_size.x / 2, screen_size.y / 2) )
4      $CollisionShape2D.disabled = false
5      self.hide()
```

$CollisionShape2D.disabled によって、コリジョンの有効無効を決める。disabled は「無効」の意味のため、false を代入し、コリジョンを有効にしている。

コード4.5●Mobの再利用初期化メソッド（Mob.gd内）

```
1  func mob_init():
2      randomize()
3      screen_size = get_viewport_rect().size
4      set("position", Vector2( randi() % int(screen_size.x),
                                         randi() % int(screen_size.y)) )
5      self.hide()
```

それぞれ Player.gd、Mob.gd 内の _ready() ではそれぞれの新たに定義した再利用のメソッドを呼び、不要な行は削除する。

4.7.5　スタートボタンの挙動とその中身

ここからスタートボタンを押したときの挙動を定義する。押したときにはゲームが始まればよく、hit シグナルが出たらゲームオーバである。_process() メソッドは常に動作しているので、必要なとき以外、Mob が動いたり、キーを受け付けないようにしなくてはならない。このような処理が単純でメソッドの行数が少ないアプリケーションでは、動作もしくは非動作のフラグによって制御する方がソースコードの可読性は高まるように考える。

まずは Main シーンにスクリプトを新設し、Main.gd の先頭に

```
var start_flg
```

として予めゲーム全体のコントロールをするフラグを設ける。

これが True の場合に、Player がキーを受け付けるようにするには、以下のように if 文で制御

する。それぞれのノードのインスタンスは get_node() メソッドを使うことで得られ、その中の変数である start_flg には「.」（ドット）を用いてアクセスする。

また、このフラグが True の場合は show によって表示させておく必要がある。

コード4.6●start_flgによるPlayerの動作切り分け

```
 1  func _process(delta):
 2      if get_node("/root/Main").start_flg:
 3          self.show()
 4          var velocity = Vector2()   # The player's movement vector.
 5          if Input.is_action_pressed("ui_right"):
 6              velocity.x += 1
 7          if Input.is_action_pressed("ui_left"):
 8              velocity.x -= 1
 9          if Input.is_action_pressed("ui_down"):
10              velocity.y += 1
11          if Input.is_action_pressed("ui_up"):
12              velocity.y -= 1
13          if velocity.length() > 0:
14              velocity = velocity.normalized() * speed
15          position += velocity * delta
16          position.x = clamp(position.x, 0, screen_size.x)
17          position.y = clamp(position.y, 0, screen_size.y)
```

Mob も同様に、

コード4.7●start_flgによるMobの動作切り分け

```
 1  func _process(delta):
 2      if get_node("/root/Main").start_flg:
 3          self.show()
 4          var velocity = Vector2()
 5          var target = get_node("/root/Main/Player")
 6          velocity = target.position - self.position
 7          position += velocity.normalized() * 0.1
```

このように、動作と非動作の切り分けが可能になった。

次にボタン押下時の挙動を定義する（図4.59）。

図4.59●ボタン押下時のシグナル定義

ボタンをGodotのIDEシーンタブ上で選択しておいて、IDE右端のノードタブから、pressed()シグナルから右クリックで「接続...」を選択する。すると図4.60のような接続のシグナルと受け側のメソッド自動生成のダイアログが出る。

図4.60●Main.gdへの接続

このサンプルではMainシーン一括でゲームの挙動を管理させるので、Main.gdの中に、func _on_Start_pressed(): ができている。ボタンを押すとこのメソッドが起動し処理される。

_on_Start_pressed()の中身はこのフラグと、それに付属する振る舞いを記述する。ポイントとして以下の記述が必要である。

- start_flg = true と代入し、ゲームが起動中であることを示す。

- $Player.player_init() を呼び出し Player を初期化する。
- $Mob.mob_init() を呼び出し Mob を初期化する。
- $Start.hide() を呼び出しスタートボタンを消す。

■ 4.7.6　コリジョンの発生の Main での利用（ゲームの終了）

次に、シグナルが送られたときに Main.gd で反応させる受け皿を定義しよう。Player を選択し、ノードタブから hit() メソッドを右クリックし、Main に接続する（図 4.61、図 4.62）。

図4.61●ノードタブからhitメソッドを右クリック

図4.62●Main.gdへの接続

_on_Player_hit() メソッドが自動的に生成される。

_on_Player_hit() メソッドの役割は、ゲームオーバの処理である。ポイントとして、

- start_flg = false を代入しゲームオーバであることを示す。
- $Start.show() によってスタートボタンを再表示する。

ここまでの Main.gd を以下に示す。

コード●ここまでのMain.gd

```
1   extends Node
2   var start_flg
3
4   # Declare member variables here. Examples:
5   # var a = 2
6   # var b = "text"
7
8   # Called when the node enters the scene tree for the first time.
9   func _ready():
10      start_flg = false
11
12  # Called every frame. 'delta' is the elapsed time since the previous frame.
13  #func _process(delta):
14  #    pass
15
16  func _on_Player_hit():
17      print("hit")
18      start_flg = false
19      $Start.show()
20
21  func _on_Start_pressed():
22      start_flg = true
23      $Player.player_init()
24      $Mob.mob_init()
25      $Start.hide()
```

4.8 シグナルのまとめ

　ここまでで、Mob がプレーヤを追いかけ、接触するとシグナルを出す基本構造のコーディングができた。シグナルを他のノードに応用するときに、このチュートリアルでは定義の方法が少しわかりにくい。

そこで、いったん図にしてシグナルの定義をまとめておく（図 4.63）。

Player 側	Main 側

（4.6.2 節）所属 Layer コリジョン対象 Mask を決める

```
signal hit

_on_area_entered():
    コリジョンの処理
    emit_signal("hit")
```

作り方

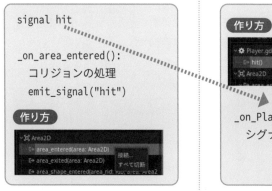

（4.6.5 節）コリジョン発生ノード

作り方

```
_on_Player_hit():
    シグナルの受け取り
```

（4.7.6 節）シグナル受領ノード

図4.63 ● シグナル定義のまとめ

この図では左側がコリジョンを発生させるノード、右側がコントロールノードである。ポイントは以下の通り。

- コリジョンを発生させるノードで所属 Layer と対象 Mask を設定しておく（4.6.2 項）。
- コリジョンを発生するノードで、signal とシグナルイベント（例：_on_area_entered()）を定義して、シグナルを発生させる。シグナルを受け取るノードにシグナル名のメソッドから接続する（4.6.5 項）。
- シグナルを受け取る側でシグナルを受け取った際の処理を実装する（4.7.6 項）。

 **逃げ回った時間がスコアになるゲーム**

- Main 下に 2 つラベルを配し、片方を点数のタイトル、片方をスコアとしてを表示する。位置は適切に配置する（図 4.64）。

図4.64●ラベルの定義例

- Main.gd に変数 score と start_time を作り、得点と経過時間でスコアを追加する。ゲームオーバのロジックは変化させない。
- スタートボタンが押されたら、システム時間を代入する。システム時間は OS.get_ticks_ msec() メソッドで得られる。単位はミリ秒である。
- コントロールノードの _process() メソッド内で、経過時間を表示する。今の時刻から start_time を引き、1000 で除算すると経過した秒数が得られる。

 **障害物を新たに設置し、Mob がぶつかったら得点とするゲーム**

- 直前の「やってみよう」と同様に、Main 下に 2 つラベルを配し、スコアを表示する。
- 障害物は「Area2D」とする。初期位置、start_flg による処理は Mob を参考に実装する。Mob が当たるとランダムに移動する。
- 所属 Layer は新たに定義（3 番目）し、対象 Mask は Mob だけにする。
- _area_entered() で障害物の位置を変更する。必要に応じて Mob の位置を移動させるなど、適切にコントロールする必要がある。
- Main で障害物側で発行されたシグナルを受け取り、スコアを加算していく。表示は直前の「やってみよう」の方法でよい。

5

タイルマップと物理ノード

- Godot でのタイルマップの扱い方
- Godot での物理ノードの考え方と実装

　タイルマップは他のゲームエンジンもおなじみのグラフィックス実装手法である。主にスプライトゲームで用いられる。大きさの最小単位はタイルである。タイルは大きさが予め定められている。タイルが定義できたら、マス目状のユーザインターフェイスのタイルマップにタイルを並べて画面を設計する。画面が立っている垂直感覚のゲームであれば地面や天井、平面であればダンジョン等をデザインできる。

　昔のゲームハードウエアは資源が少なかったため、タイルの中に共有可能なリソースをうまく設計し、上手に「使い回し」ながらデータ量を最小限に保持していく必要があった。例えば前景を扱うメモリと背景を扱うメモリが分離していて、その大きさに合わせてデザインし高速なスプライトを実現していた。現在のスマートフォンは、そのようなスプライトのような考え方はあるものの、ハードウエアのアーキテクチャに拘束されていないため、この考え方は古い考え方かもしれない。しかしリソースを最小限にして、軽いコンテンツを作るのは今でも通用する考え方に思う。是非タイルマップを活用して「小さな」コンテンツを作る努力も試してもらいたい。

　また、Godot は物理エンジンをサポートしたノードによって、2D でありながらも「マリオ」のようなゲームをつくれる[1]。現代のゲームエンジンは当たり前の機能だが、Godot でもサポートされている。

　物理をサポートしたゲームオブジェクトを理解すれば、「動かす方向」のみを与えることで挙動を制御できる。例えば我々は地上でボールを投げれば、自然に落下して特に制御に気を使う必要が無いのと同じである。気にかけなくてはいけないのは「力」、つまり方向と速度である。

　またこのデザインは、垂直に立っているディスプレイにゲームをそのまま載せて、物理法則が働いているのと同じと考えれば良い。このあたりはみなさんの方がなじみ深いだろう。では、ここでは物理法則に基づいたノードを使った横スクロールのゲームの考え方を理解する。

---

[1]　「マリオ」のような横スクロール型のゲームのことを英語では「2D Platformer」というらしい。Platformaer tutorial などで検索すると実例が出てくる。

5.1 タイルマップ

5.1.1 タイルマップの生成

　Main シーンを Node で作成し、プロジェクト設定の検索から resizeble をオフにし、Aspect を「keep」した状態で、1024 × 600 の大きさは変更せず、初期状態を保持したままプロジェクトを開始する。ほぼ 2 対 1 の横長のビューが得られる。

　この章で必要な png ファイルは出版社の読者向けホームページに準備されている zip ファイル「第 5 章」フォルダの Player_run1.png と tilesheet.png を使用する。

　ダウンロードファイルに含まれる tilesheet.png をディレクトリに入れておく（図 5.1）。

図5.1●tilesheet.pngをプロジェクトにコピーする

　次に Main シーンにタイルマップノードを追加する。シーンを右クリックし「子ノードを追加」から「tilemap」ノードを追加する。次に「tilemap」ノードを選択し、プロパティの中から「Tile Set」を新たに構築する（図 5.2）。

図5.2●新たなTile Setを定義する

できあがった「Tile Set」を編集しタイルをつくる前に、タイル同士が隙間なく隣接するように

再インポートする。タイルのインポートの際には毎回確認しよう（図5.3）。

図5.3●隙間のない隣接のためのテクスチャの再インポート

次にインスペクタから、先ほどつくった「Tile Set」を「編集」する（図5.4）。

図5.4●タイルセットを編集する

インポートをし直した tilesheet.png をタイルセットエディタにドラッグして、タイルセットの編集を可能にする（図5.5）。

図5.5●タイルセット編集へのpngファイルのセット

　これでタイルセットの編集ができる。タイルセットとは2Dでつくられたタイル候補のpng（tilesheet）から必要な部品を切り出して、コリジョンなどを設定してシーンに設置する準備である。

　ここでは複雑なタイルセットを使わず4種類程度をtilesheet.pngから選んで使用する。タイルシートのpngをつくる際には、1タイルの大きさを考慮する必要がある。tilesheet.pngをよく観察して考えて欲しい。

　まず、「新しいシングルタイル」を押し、シングルタイルを新たに定義する（図5.6）。

図5.6●新しいシングルタイルを選ぶ

次に図5.7、図5.8の手順でタイルを生成していく。詳しい手順を以下に示す。

(1)　■領域　「領域モード」を選択し、領域が選択できる状態にする。このモードは1枚1枚のタイルを設定するモードである。

(2)　栅　「スナップとグリッドの表示を有効にする」を選択し、グリッドを表示する。

(3)　必要なタイルをドラッグする。選択されたタイルは黄色の枠で囲まれる。1枚のタイルの領域は囲まれた部分である。

(4)　●コリジョン　黄色の枠が表示されているところで、「コリジョンモード」に移行する。コリジョンモードは黄色の枠に対してのコリジョン定義エディタである。

(5) 　「新規長方形」ボタンを押して、長方形の領域を生成する。ドラッグして領域を確定する。赤い点がコントロールポイントなのでうまくいかない場合は赤い点を操作する。

(6) 　「新規長方形」の横に「新規ポリゴン」があり、点を打つ順に囲まれた領域でコリジョンがつけられる。

(7) 　右肩の「i：タイル名を表示」のアイコンで名前が表示される。これを頼りに領域とタイルの状態を把握する。ここでまた「シングルタイルを選ぶ」を押すと次のシングルタイルの定義に移行する。

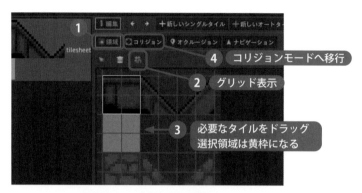

図5.7●シングルタイルの設定

図5.8●シングルタイルのコリジョン設定

　これらの手順を「シングルタイルを選ぶ」から必要な回数だけ繰り返して、タイルセットを完成させる。完成したらプロパティの階層を戻って、うまく設定されているか確認する（図5.9）。

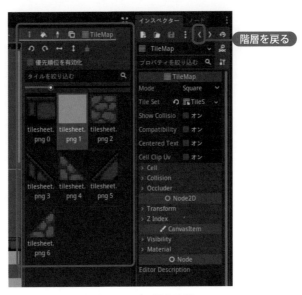

図5.9●タイルマップの設定確認

▌5.1.2 タイルの配置

　シーンにタイルを並べて完成させるにはタイル用のエディタを用いる。右側のタイル一覧から、必要なタイルを選択し、「タイルをペイント」モードからタイルをおくことができる（図5.10）。

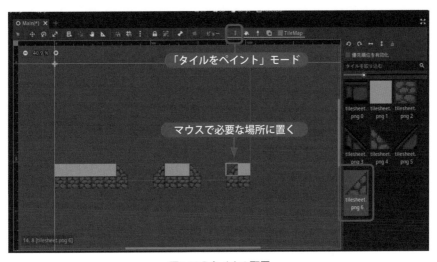

図5.10●タイルの配置

間違って配置した場合は CTRL + Z などで undo するか、タイルを選択して消去する（図 5.11）。

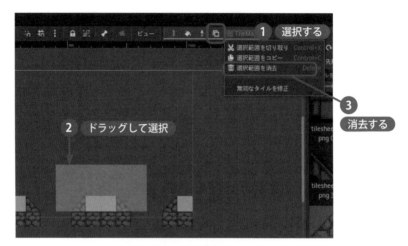

図5.11●タイルの消去

これを繰り返してシーンを完成させる（図 5.12）。

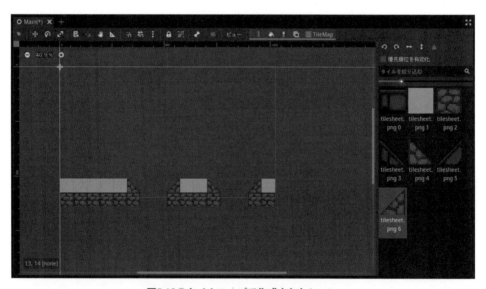

図5.12●タイルマップで作成されたシーン

データが失われないように保存しておこう。

5.2 物理をサポートしたノード

次に物理をサポートした Player ノードをつくる。

物理演算ノード「RigidBody2D[2]」を追加して、Player と名前を変更しておこう（図 5.13）。

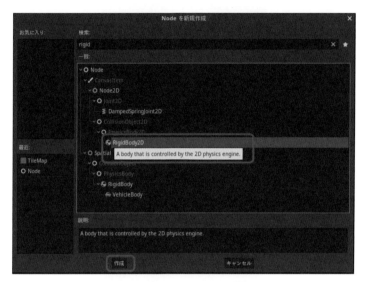

図5.13●Rigidbody2Dの追加

Player には今まで通りキャラクタとコリジョンを設定しておく（図5.14）。

図5.14●RigidbodyのPlayer

※2 「RigidBody2D」https://docs.godotengine.org/ja/stable/classes/class_rigidbody2d.html

　キャラクタの大きさを変えるときは今までは Player で一括に行っていたが、物理演算を扱うときは極力、物理演算ノードの大きさは変えず、キャラクタやコリジョンの方でスケールを変える必要がある（修正が必要な場合、黄色の注意アイコンが出ているはずである）。

　ここで Player ノードには「Character モード」を設定する。他の設定では、移動の力を加えたときに横滑りせず飛んでいってしまう（図 5.15）。

図5.15●Rigidbody2Dのキャラクタモードのセッティング

　また、着地の跳ね返りのための「PhysicsMaterial」を設定する（図 5.16、図 5.17）。

図5.16●新しい物理設定をつくる

　併せて跳ね返りの係数「Bounce」を設定する。

図5.17●跳ね返り係数の設定

次に、Playerにスクリプトを設置して、_readyの中を次のように書き換える。

コード5.1●物理演算ノードの初期化

```
func _ready():
    var screen_size = get_viewport_rect().size
    set("position", Vector2(50, screen_size.y / 2) )
```

シーンを実行してみるとPlayerが着地するときに「ぽよん」と跳ねるはずである。

5.3 キー取得の2つの方法

5.3.1　公式のキーマップを使う方法

公式では、イベントはイベントマップを定義することが推奨されている。

イベントを独自で設定したいときの具体例は、操作するキャラクタを走らせたり、歩いたりという振る舞いの時であろう。この場合、走るときはSHIFTを加えて「SHIFT+ →」、とし、SHIFTを離せば歩きに戻るなどの、複数キーを組み合わせた操作が望ましい。

このような複数のキーの組み合わせを制御するは、「複数のキーをまとめた新たなキーマップ」を定義すべきとされている。

コーディングするサンプルには含まれていないが、公式な方法に則って、キーマップに「複数キーの組み合わせ」を設定した事例を図5.18に示す。

図5.18●新しいキーマップの生成

図5.18の下段の「追加可能なUIの種類」にある「キー」と「物理キー」の差については、同じキー数のキーボードでも、アルファベットを使う国同士でキーレイアウトが異なるため、「物理的な位置」を優先するモードが「物理キー」とのことである[3]。

この場合の入力はInputオブジェクトで入力を確定できる。方法は今までと同じである。

しかし、この方法は、多様な入力を認めたい場合に、キーマップの定義が煩雑になり、管理が大変である他、イベントのコーディングも複雑になる可能性がある。

5.3.2　直接的なキーイベントを使う方法

そこで、この節では、イベントの低次のキー制御方法（Inputオブジェクトを使わない方法）を試す。SHIFTによる移動の高速化は、このサンプルでは考慮していない。

Godotに元々備えられているバーチャルメソッドの

```
_unhandled_key_input(event):
```

を用いると、直接キーイベントにアクセスし、押されたキーの種類を得られる。この直接的なキーイベントは、プロセスメソッドから呼ばず、独立したメソッドを定義する。

引数のeventオブジェクトには、pressedというメソッドがあり、この真偽でキーイベントの有

※3　「Godot 3.4 is released with major features and UX polish」https://godotengine.org/
article/godot-3-4-is-released

無がわかる。更に scancode で、押されたキーの中身を判別する。キーは KEY_ で始まるキーコード[4] によってその中身を判別できるようになっている。コードアシストを用いて、KEY_ で始まるキーコードの種類を確認して欲しい（図5.19）。

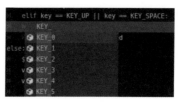

図5.19●コードアシストによるキーコードの確認

移動量については、定数を準備する。

```
var walkspeed = 150
var velocity = Vector2()
```

上記のように移動量を定義する。

_unhandled_key_input(event): の中身は以下の通りとなる。

コード5.2●_unhandled_key_input

```
1  func _unhandled_key_input(event):
2      if(event.pressed):
3          var key = event.scancode
4          if key == KEY_RIGHT:
5              velocity.x = walkspeed
6          elif key == KEY_LEFT:
7              velocity.x = -walkspeed
8          elif key == KEY_UP || key == KEY_SPACE:
9              velocity.y = -walkspeed
10     else:
11         velocity.x = 0
12         velocity.y = 0
```

これで左矢印、右矢印、上矢印、スペースバーの移動量（velocity）を定義できた。次の節で移動をテストする。

※4 「enum KeyList」https://docs.godotengine.org/en/3.4/classes/class_@globalscope.html#enum-globalscope-keylist

5.4 物理演算ノードのプロセス

　最後に物理演算を前提としたプロセスメソッドを定義する。物理ノードは通常のプロセスとは異なることは、想像できると思う。従って従来の _process() メソッドを用いず、物理演算がサポートされた（裏で物理演算エンジンが走っている）プロセス _physics_process(delta) メソッドを用いる必要がある。

　またこの物理演算ノードは限定されたノード同士でコリジョンがサポートされるので注意する。公式のサイト[5]には、例えば他のノードが自分のノードと重なった時に発生する _body_entered シグナルについて「Emitted when a collision with another PhysicsBody2D or TileMap occurs.（別の PhysicsBody2D または TileMap との衝突発生時に生じる。）」とある。つまりタイルマップは衝突が検知されるもの、他のオブジェクトは PhysicsBody2D「ファミリー」（KinematicBody2D、RigidBody2D、StaticBody2D）に限定される。Area2D は含まれず、物理演算ノード同士が列挙されている。

　移動は velocity にセットされた方向（ベクトル）を元に apply_central_impulse メソッドによって動きを与える。この場合は位置を制御しているのではない（方向のみを与えている）ことを注意する。また先に定義した _unhandled_key_input でセットした velocity を用い、さらに割り込みのタイミングである delta を乗算し動きを調整する。

コード5.3●物理演算対応プロセス

```
func _physics_process(delta):
    var motion = velocity*delta
    apply_central_motion)
```

　apply_central_impulse() メソッドや他の物理演算メソッドは「USING RIGID BODIES」[6]などを参考にして欲しい。このページは動きのサンプルがいくつか解説されている。適切なメソッドを選んで欲しい。

　このサンプルではノード同士の衝突は考慮せずタイルマップの衝突のみ取り扱っている。また、現在の実装は上方向の役割を与えているキーを押し続けると、無限に上昇し続ける。これでは自

※5 「RigidBody2D」https://docs.godotengine.org/ja/stable/classes/class_rigidbody2d.html#class-rigidbody2d

※6 「USING RIGID BODIES」https://kidscancode.org/godot_recipes/physics/godot3_kyn_rigidbody1/

然な動きをエミュレートしておらず、ゲームの実装としては不十分である。読者諸兄で様々な実装を試みて欲しい。

　ここまでの Player.gd を以下に示す。

コード5.4●物理演算対応ノードとキーイベントの例

```
1  extends RigidBody2D
2
3  # Declare member variables here. Examples:
4  # var a = 2
5  # var b = "text"
6  var walkspeed = 150
7  var velocity = Vector2()
8
9  # Called when the node enters the scene tree for the first time.
10 func _ready():
11     var screen_size = get_viewport_rect().size
12     set("position", Vector2(50, screen_size.y / 2) )
13
14 func _unhandled_key_input(event):
15     if(event.pressed):
16         var key = event.scancode
17         if key == KEY_RIGHT:
18             velocity.x = walkspeed
19         elif key == KEY_LEFT:
20             velocity.x = -walkspeed
21         elif key == KEY_UP || key == KEY_SPACE:
22             velocity.y = -walkspeed
23     else:
24         velocity.x = 0
25         velocity.y = 0
26 func _physics_process(delta):
27     var motion = velocity*delta
28     apply_central_motion)apply_central_impulse(motion)
```

6

動的なシーンの設計手法

この章で学べること

- 動的なシーンの取り扱いと設計
- 動的なシーンごとの接触の考え方と実装
- 動的なインスタンスによるゲームのスケルトンの作成（「動的なシーンの接触による得点の実装」「動的なシーンのシグナルによる遷移」）

Godot は小さなシーンを単位としてに設計していく思想を持つとしてきた。その場合は「動的なシーンの取り扱い」は必須であり、本章ではまずこの点の考え方をおさえる。

この章で想定するゲームは、シューティングによって、敵「Mob」に手裏剣（クナイ）が当たればスコアが加算され、Player が Mob に接触するとサドンデスするというゲームである。しかし本章では「必要最低限な動的移行のデザイン、設計とコーディングの修得」のため、ゲームの完全な最終形態（スタート、得点、終了、完全なスコア表示などの一連の流れ）は目指さない。あくまでも動的なシーンの連携のロジック・コーディングを習得することが本章の目的である。

従ってゲームシステムについても、連射は実装するが、Mob の攻撃は考慮しない。Player の攻撃と Mob の移動、接触までをコーディングし、「やってみよう」で得点システムと、シグナルのハンドリングによるシーンの遷移のコーディングにトライする。

6.1 プロジェクトの設計、フォルダとデータのセットアップ

まず、2D ゲームプロジェクトの基本設定を示す。

- ここではプロジェクト名を「addScene」としている。
- スタート時の選択：2D、レンダラーの選択は軽快なタイプで。
- プロジェクト設定：Resizeable オフ、Aspect keep、画面サイズ 1024 × 600。
- プロジェクトフォルダに scenes、codes のフォルダを作る。
- 今までと同様に、サービスデータ「第 6 章」の png データをダウンロードし、プロジェクトフォルダにコピーする。Player_run1.png、Mob_run1r.png、knai.png が必要である。

最終的な構成を以下に示す（図 6.1）。

図6.1●プロジェクトのフォルダ構成

6.2　シーン設計とプロジェクトの全体設計について

　Godot はこれまでに、1 シーン・1 ノードを原則として設計すると述べてきた。では、その割合や「あんばい」はどのように考えたらいいのか。

　例えば、大きな場面の変化はシーンを分けることは間違いがない。では、そのシーンに「Godotの IDE で視覚的にぶらさげるノード」はどのように判断したらいいのか。図 6.2 は、その一例である。

図6.2●GodotのIDEで視覚的に設置されたノード

　この場合、シーンに「固定的」に含まれるのは Area2D の「Player」とスコアの表示ラベル 2 つである。このように固定的に扱えるノードは IDE 上でシーンに含ませ、視覚的に見えている方が

理解しやすい。

　また、プロジェクトを管理する上での手法の導入を検討すべきである。具体的には、ここまではフォルダなどを準備せず対応ができたが、シーンやノードが増え、複雑化する場合、Unity でも用いられているようなデータ構造を採用するべきである。例えばスクリプトを配置する codes フォルダ、シーンを配置する scenes フォルダなどは最低限準備すべきであろう。また、必要な png 等が多い場合も resources フォルダなどを準備して分類しておけば、IDE 左側のファイルシステムをファイルであふれさせるような混乱は少ない。いずれにしても、この管理方法やフォルダ、ファイルの取り扱いの決まった作法はない。一人で小さなゲームを作っているだけであれば、問題はさほど大きくない。しかしプロジェクトを共有し複数人で開発する場合は、チームで予めその管理の方法を決め、できるだけ混乱の少ないファイル管理をする必要がある。具体的には、「デザイナーの作った画像、3D データは resources フォルダだけに入れましょう」などのルールがあれば、プロジェクト管理はやりやすいだろう。

　他に注意すべき点は、フォルダを考慮せずに作ったプロジェクトから、後から OS の手作業でフォルダを作り、OS の操作によって、ファイルを移動しただけではうまく機能しない場合もあることを覚えておいて欲しい。つまり Godot のインポート機能を盲信せず、ある程度の自己管理が求められている点も想定してファイルを取り扱う。

　今回想定する最終のプロジェクト設計の図 6.3 は、その一例である。

図6.3 ● この章のゲームにおけるプロジェクト設計

　なお、本章では 2D で設計しているが、3D であっても動的なシーンとノードの考え方は同様と考えてよい。またゲーム全体の流れをデバッグするのでは無く当面は「シーン毎」にデバッグする。

6.3 Main シーンの設計

Node2D の Main シーンにはボタンを 1 つ配置する。このボタンを押し、実際の戦闘シーン「SceneA」を起動する。予め準備した scenes フォルダにデータを保存することを心がけよう（図6.4）。

図6.4●Mainシーンの保存

次に、ボタンを適切なキャプション表示（例：START）と大きさで Main シーンに配置する（図6.5）。

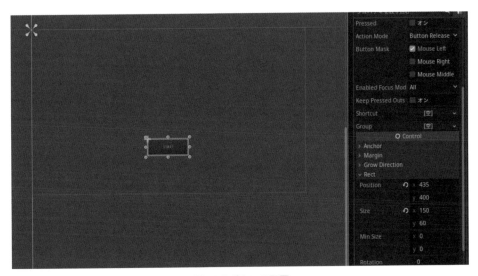

図6.5●ボタンの配置

　日本語化したい場合は、4.7 節を参照して、日本語フォントを設定しよう。

　加えて「Main シーン」に、スクリプトを準備しよう。保存場所もスクリプトを収めるフォルダを選択する（図 6.6）。

図6.6●Mainスクリプトの保存

6.4 Main と SceneA の切替

　次に、SceneA を、今までの 2 次元のシーンで用いたものと同じの Node2D で準備する。res://フォルダを選択してから、ファイルシステムのウインドウで右クリックし、新規シーンを選択する（図 6.7）。

図6.7●新しいsceneの作成

　ルートノードは「2D シーン」をクリックする。ルートノードは Node2D から「SceneA」と名前を変更する。タブの名前が「SceneA」か確認し、先ほどと同様に空の状態でよいので保存する。

　保存フォルダを取り違え、自分の決めたリソースの規則に適合しなかった場合は、ファイルを右クリックしてファイルの移動ができる（図6.8）。

図6.8●scene ファイルの移動

　次は Main シーンの Button のシグナル定義である。Main シーン上の Button を選択し「ノード」タブから pressed() シグナルを、右クリックで Main に接続し _on_Button_pressed() メソッドを接続・生成する。シグナル用のメソッドの生成後、SceneA 呼び出しの中身を定義する。

コード6.2●独立したシーンを呼び出す

```
func _on_Button_pressed():
    get_tree().change_scene("res://scenes/sceneA.tscn")
```

　SceneTree オブジェクトは、ルートシーンも含めてこのプロジェクトに含まれる全てのシーンをツリー状にしたものである。また、シーン（tscn ファイル）のパスを指定し、シーンを取り出す get_tree() メソッドが準備されている。そのメソッドでは、SceneTree オブジェクトをたどって適切なシーンを引き当て、そのシーンに関係する情報を返してくる。

　シーンそのものを入れ替える方法は、change_scene(" シーン名 ") メソッドを用いる。これに Godot のシステムパス形式によるシーン名を与えることで、シーン全体を入れ替えられる。入れ替えてしまうと、呼び出し元のシーンはきれいに差し替えられる。定義されている親子関係や動的な接続に関わらず、change_scene によって全て入れ替えられると考えるとよい。

　ここまでコーディングしたら、Main シーンを実行して期待した動きとなっているか確認しよう。ボタンを押すとボタンが消えるような動きになる。これはボタンオブジェクトを第 4 章で用いた hide() メソッドで消したのではなく、シーンを Main から SceneA に差し替えている。

6.5 Player の追加

　SceneA には、まず Area2D「Player」の追加をする。AnimatedSprite を追加し、アニメーションに対応させる。AnimatedSprite には `Player_run1.png` を設定して、適切に CollisionShape2D も設定しておく。scale の調整は適宜実施する。初期位置はコードでスクリーン下方に、のちほど適切に配置する。

　次に `Player.gd` を作成する。保存フォルダを codes としているか確認しよう。

　また、

```
var screen_size
```

を追加し、それぞれのメソッドに以下を追加する。Player は左右しか今のところ動けないようにしておく。

コード6.2●左右移動のみのPlayer.gd

```
1   func _ready():
2       screen_size = get_viewport_rect().size
3
4   func _process(delta):
5       var velocity = Vector2()
6       if Input.is_action_pressed("ui_right"):
7           velocity.x += 100
8       if Input.is_action_pressed("ui_left"):
9           velocity.x -= 100
10      position += velocity * delta
11      position.x = clamp(position.x, 0, screen_size.x)
```

6.6　knai シーンの追加

　Player がスペースバーやリターンを押すことによって、クナイ（忍者の手裏剣、ナイフ）を投げるようにシーンを作る。これは GUI で結びつけず独立させておき、後から動的に追加する。

　新しいシーンを作成する際には、「2D シーン」を選択せず、「その他のノード」から、ルートノードを「Area2D」として選択する。名前を Area2D から「knai」としてシーン名を変更する。ノードに付与するテクスチャに関しては、今回はアニメーションさせることは特にないので「Sprite ノード」とし、Texture プロパティの右、下向き三角の中から、新規テクスチャを選択した後、読み込みで knai.png を設定する（図 6.9）。

図6.9●knaiシーンへのテクスチャ設定

　テクスチャを読み込んだ後は、「CollisionShape2D」を設定しておこう。

　次に、knai シーンにスクリプトを設置し、動きを整える。まず codes フォルダにスクリプトを置く。コードそのものは、Player のコードから、キーを受け付けず、移動速度を上げ、かつ移動方向が 1 方向の改変を加える。

コード6.3●knai.gd（衝突処理前）

```
1  extends Area2D
2  var screen_size
```

```
 3
 4    func _ready():
 5        screen_size = get_viewport_rect().size
 6
 7    func _process(delta):
 8        var velocity = Vector2()
 9        velocity.x += 400
10        position += velocity * delta
11        if position.x  > screen_size.x:
12            queue_free()
```

ここで重要なことは、クナイがウインドウのエリアを越えたら、消えさせる必要がある。それは

```
queue_free()
```

というメソッドによって実現されている。また敵に当たったときも消える必要があるが、シグナルで同様に後ほど処理する。クナイは動的に SceneA に現れる。だが役割を終えた場合にメモリから解放される（オブジェクトのキューの中から取り除かれる）。それを queue_free() というメソッドで実行する。この状態のままで、knai シーンのみを実行すると、初期値によっては隠れてしまうが、最上部をクナイが移動していく。

　次に、敵との衝突時のシグナル処理をする、knai シーンのノードタブから _area_entered() メソッドを選択して、自身に接続する。すると knai.gd に _on_knai_area_entered() メソッドが追加される。ここでの処理は、ウインドウ外に出た時と同様に queue_free() のみでよい。現実世界と同じようにクナイや銃弾自身が、他のオブジェクトのこと、例えば撃たれた側の、処理は必要はない。

　衝突判定の正確性（例：自分に当たった場合はすり抜ける）は後からコリジョンマスクで設定する。コリジョンマスクを設定しなければ挙動は思い通りにはならない。

　ここまでの衝突処理後の knai.gd を以下に示す。

コード6.4●knai.gd （衝突処理後）

```
1    extends Area2D
2    var screen_size
3
4    func _ready():
5        screen_size = get_viewport_rect().size
6
```

```
 7   func _process(delta):
 8       var velocity = Vector2()
 9       velocity.x += 400
10       position += velocity * delta
11       if position.x  > screen_size.x:
12           queue_free()
13
14   func _on_knai_area_entered(area):
15       queue_free()
```

6.7 Player の配置と knai の動的配置

　ではここで、Player を SceneA に配置するスクリプトを考えよう。今までに SceneA にはスクリプトを作っていない。Player の初期位置設定がこのスクリプトの役割になる。

コード6.5●SceneA.gd（Player初期位置のみ）

```
func _ready():
    $Player.position.x = 100
    $Player.position.y = 500
```

　次は knai シーンの配置である。Player.gd を変更していく。先頭のコードはこのようになる。

コード6.6●Player.gd（先頭部分）

```
extends Area2D
var screen_size

const bulletobj = preload("res://scenes/knai.tscn")
```

　const は代入不可の変数の定義である。このメソッドが呼ばれると、preload() メソッドによって knai シーンが呼ばれてオブジェクトのインスタンス前（pre）の原型がメモリに固定（保持）される。ここで、銃弾の発射を司る shot() メソッドを作っておこう。

```
func shot():
    var shots = bulletobj.instance()
    shots.position.x = position.x
    shots.position.y = position.y
    var owner_node = get_owner()
    owner_node.add_child(shots)
```

この shot() メソッドを解説する。

- まず const で配置した、bulletobj の instance() メソッドを用いて、新たな instance を生成する。
- 実際にインスタンスされた shots オブジェクトは、Area2D を継承したオブジェクトである。従って Area2D のプロパティ（変数）に値を定義し直して用いることができる。この場合は Player の位置を初期位置を代入している。
- 次に get_owner() メソッドを用いて、Player ノードのオーナー（主人／親）のノードを得る。
- 最後に、オーナーオブジェクト owner_node の add_child() メソッドによって shot オブジェクトを追加する。

この一連の流れを用いて knai の動的配置を実現している。動的な配置を考えるときに、この手法を理解して他に応用して欲しい。

knai シーンは何かに衝突する（もしくはウインドウ外に出る）ことにより、queue_free() によって消滅するように既に定義をした。ここでは動的な配置のみ考慮する。

仕上げに、_process() メソッドに ui_accept による発射操作が発生したときにクナイが発射される shot() メソッドを追加する。

コード6.8●uiのaccept（発射操作）によってshot()メソッドを呼び出す

```
if Input.is_action_just_released("ui_accept"):
    shot()
```

現段階での player.gd は以下の通りである。

コード6.9●Player.gd（ショットメソッド追加まで）

```
1   extends Area2D
2   var screen_size
3
4   const bulletobj = preload("res://scenes/knai.tscn")
5
6   func _ready():
7       screen_size = get_viewport_rect().size
8
9   func shot():
10      var shots = bulletobj.instance()
11      shots.position.x = position.x
12      shots.position.y = position.y
13      var owner_node = get_owner()
14      owner_node.add_child(shots)
15
16  func _process(delta):
17      var velocity = Vector2()
18      if Input.is_action_pressed("ui_right"):
19          velocity.x += 100
20      if Input.is_action_pressed("ui_left"):
21          velocity.x -= 100
22      position += velocity * delta
23      position.x = clamp(position.x, 0, screen_size.x)
24
25      if Input.is_action_just_released("ui_accept"):
26          shot()
```

クナイの発射テストは、レイヤのコリジョン設定後に実施しよう。

6.8 # Mob（敵）の追加

　Mob も動的に配置する。その設計は以下の通りである。

　ファイルシステム上に、新しいシーンとして「2D シーン」を選択せず、「その他のノード」から、ルートノードを「Area2D」として「Mob」の追加をする。追加の後、ノード名を「Mob」へ変更する。Player と同様に、AnimatedSprite を追加しアニメーションに対応させる。AnimatedSprite には Mob_run1r.png を設定して、適切に CollisionShape2D も設定しておく。いったん保存をして、scenes ディレクトリにデータを収めておく。

　次に Mob.gd を作成するが、保存場所を codes とする。ここでは単純な移動を考える。

コード6.10●Mob.gd（移動まで）

```
1   extends Area2D
2   var screen_size
3
4   func _ready():
5       screen_size = get_viewport_rect().size
6       position.x = 900
7       position.y = 500
8
9   func _process(delta):
10      var velocity = Vector2()
11      velocity.x -= 10
12      position += velocity * delta
```

　ここまでで、2D シーンにノードが含まれる場合（Main シーンと SceneA シーン）と、Area2D が動的な配置を前提としたシーン（knai シーンや Mob シーン）の 2 種類に分かれている。Area2D がルートノードに含まれず独立している場合は動的に配置され、必要がなくなれば消滅する。

6.9 Mob の動的配置

　Mob については、SceneA から動的に配置する。Mob を動的にする理由は、クナイによって Mob は消滅したり、その後の生成を繰り返すためである。

　手法は SceneA.gd を変更して動的配置をさせる。その考え方は knai シーン同様に考える。

- preload による Mob シーンの取り込み
- mob のインスタンス
- 必要があれば初期値の設定（ここでは設定をしていない）
- add_child による追加（ここはシーンが自明なのでオーナはもらっていない）

コード6.11●SceneA.gd（Mob追加まで）

```
1  extends Node2D
2  const mobobj = preload("res://scenes/Mob.tscn")
3  var mobs
4
5  func _ready():
6      $Player.position.x = 100
7      $Player.position.y = 500
8      mobs = mobobj.instance()
9      add_child(mobs)
```

　これでキャストが全て揃ったので、ここで Collision がうまく動作するか、「プロジェクト設定」を見直す。クナイの衝突を検知して、的確に Mob を倒し、得点をするための設定となる。

　Layer の名前を設定し、併せてコリジョン設定も見直す。

　まず物理レイヤの設定である。これは 2D のゲームなので、設定のウインドウの左から「Layer Names」を探してそれぞれの名前を設定する。ここでは「Layer 1」には「Player」、「Layer 2」には「knai」、「Layer 3」には「Mob」を設定している（図 6.10）。

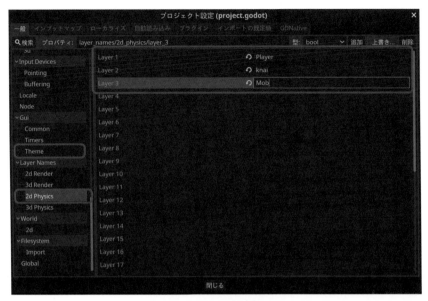

図6.10●レイヤの名前設定

　以下、それぞれのノードでIDE右側の「インスペクター」内部の右側、Collisionの設定を確認していく。

　例えば、コリジョンのルールは以下のように決めていけるだろう。

- Playerは Mobとの衝突を検知する必要がある（例：サドンデスの条件）。
- knaiは Mobとの衝突を検知するが、Playerとは衝突を検知しない（例：Mobの体力を奪う、自身に当たっても影響がない）。
- Mobは Playerも、knaiも衝突を検知させる。

　ではそれぞれのパターンの設定を見ていこう。まずはPlayerの設定である（図6.11）。

図6.11●Playerのコリジョン設定

この設定は Player は「Player レイヤ」に属し、「Mob レイヤ」に属するノードとの衝突を検知する設定である。

knai は「knai レイヤ」に属し、「Mob レイヤ」に属するノードとの衝突を検知する（図 6.12）。

図6.12●tamaシーンのコリジョン設定

Mob は「Mob レイヤ」に属し、「Player レイヤ」と「knai レイヤ」に属するノードとの衝突を検知する（図 6.13）。

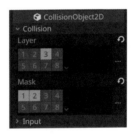

図6.13●Mobのコリジョン設定

実際に Main シーンの起動から、SceneA への移行、Player の動き・クナイの発射等を確認するには、ゲーム全体を起動する必要がある。今までは各シーン毎で動きを確かめる方法を採ってきたが、それを変更し、全体の動きを確かめるモードに移行する。全体の動きを確かめるモードは、IDE 右上の「実行ボタン」を押し全体を起動する方法である。それにはメインシーンを設定する必要がある。この場合のメインシーンは Main.tscn を設定する（図 6.14）。

図6.14●Mainシーンの起動セット

Main シーン以外を編集している場合は、シーンの選択に移行してシーンを選択し直す（図 6.15）。

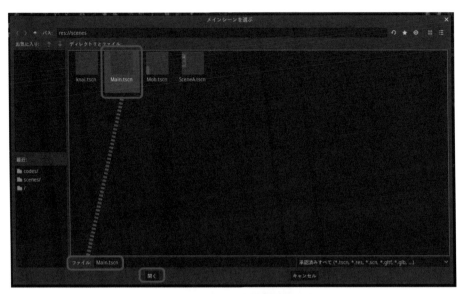

図6.15●Mainシーンの選択をし直す

これで右上の「実行」ボタンを押すことで、全体の画面遷移の確認ができる。

やってみよう！　**動的なインスタンスによるゲームのスケルトンを作る**

（**1**）SceneA において、点数 score を変数で設定し、Label で表示すること：ラベル構造のヒントは図 6.2 を参考にして欲しい。

（**2**）Mob は knai に当たるとシグナルを発生させる。

● SceneA に通知するシグナルは signal mob_hit で定義する。
● Mob の中に何かが入ってきた（接触した）というシグナルメソッドを定義する。

コード6.12●{_on_Mob_area_entered(area)

```
func _on_Mob_area_entered(area):
    var name = area.name
    if(name.count("knai")): #areaの名前に knai を含むか
        emit_signal("mob_hit")
```

このメソッドで、独自で定義したシグナルを発生させる。

● Mob オブジェクトの初期化（_ready()）の際に

```
connect("mob_hit", self, "_on_mob_hit")
```

としてシグナル発生時のコールバックメソッドを設定する。

コード6.13●_on_mob_hit()

```
func _on_mob_hit():
    # print("mobhit")
    pass
```

このメソッドはほとんど何もしない状態である。必要に応じて実装をする。

（3）SconeA の内部のスコア（score）の扱い。

● SceneA のなかには var score を定義する。
● score を初期化して、Mob のシグナルと接続する。既にある _ready を含めて表記する。

コード6.14●SceneAの初期化_ready()

```
func _ready():
    $Player.position.x = 100
    $Player.position.y = 500
    mobs = mobobj.instance()
    add_child(mobs)
    score = 0
    mobs.connect("mob_hit", self, "score_count")
```

● シグナル _mob_hit を受け取ったときのコールバックメソッド（score_count）を設定する。

コード6.15●score_count

```
func score_count():
    score += 1
```

● _process 内部で score の数値を文字列に変換して、ラベルに設定する。

（4）ゲームオーバ要件を設定して、ある条件で Main シーンに戻ること。

● Player のサドンデス条件：Mob との接触でシグナルの設定。Mob と同じようにコリジョンが発生した場合に、その接触の対象が「Mob」である場合にシグナルを出す。

コード6.16●_on_Player_area_entered(area)

```
func _on_Player_area_entered(area):
    var name = area.name
    if(name.count("Mob")): #areaの名前に Mob を含むか
        emit_signal("player_hit")
```

● 上記のシグナルの SceneA での受け取り方は、シーンに Player が含まれているため、ノードタブからシグナルを選択して、シーンに向けて接続をする（図 6.16）。

図6.16●PlayerからSceneAへシグナルを接続する

● シグナルがでることで Player のサドンデス条件が成立する。そこで _on_Player_player_hit() 内部で get_tree().change_scene("res://scenes/Main.tscn") でシーンを差し替える。

7

3D ゲームの基礎：3D ノードのコリジョン

この章で学べること

- 1 シーンに対応する 3D オブジェクトのインポートと動作の方法
- 3D ノードのコリジョンハンドリング
- 3D ノードとシグナルの実装

　Godot における 3D ノードを含むゲーム設計は 2D の考え方とほぼ同じである。シーンとノードの関係は同じで、それが 3D のノードに置き換わると考えるとよい。3D シーンの設計は、感覚的には「3D の箱庭に 3D ノードを配置」し設計を進めていく。

　また、ノードの位置計算においても移動等の軸が一軸（Z 軸）増える。またベクトル演算を元にした座標計算によって、動きを計算する。この場合、物理ノードを用い、方向と力だけを与える移動をシュミレートすると、特別に 3D だと意識することなく、ある程度移動のコントロールができる。

　ここでは公式サイトに載せられている 3D ゲームのチュートリアル「Your first 3D game」[1] を簡略化したものに取り組んで、そのあらましを把握しよう。

　この章でも、わかりやすさを重視する観点から動的なノードインスタンスには取り組まない。また 1 シーン 1 ノード設計も試みながら、今までとは異なる方法でシーンに静的にノードを結合する手法を学ぶ。またこの章では主に 3D のシーンやノード、コリジョンについて扱う。今までと同じで、最終的なゲームの基本形（開始からゲームオーバ）までは作り込まない。

　まずはじめに、このゲームプロジェクトに関して、3D の空間を扱う基本設定をセットする。

- ここではプロジェクト名を「3Dfirst」としている。
- スタート時の選択：レンダラーは「OpenGLES3」を推奨する[2]。
- プロジェクト設定：Resizeable オフ、Aspect keep、画面サイズ 720 × 540。
- 他の章と同様に、サービスデータの「第 7 章」をダウンロードし、データをプロジェクトフォルダにコピーする。Slime_player.glb、Slime_mob.glb が必要である。ファイル glb は glTF 形式の 3 次元データである。glTF 形式については第 8 章で詳しく解説する。

※ 1　「Your first 3D game」https://docs.godotengine.org/en/latest/getting_started/first_3d_game/index.html

※ 2　3D の場合は環境の構築状況によって（OpenGLES の OS 上の環境（ドライバ等）の状態）によって、うまくレンダリングができないケースを、ごくまれに確認した。また、ゲームメーカが配布しているゲームビューアによって影響を受けてしまったケースも確認している。またレンダラーの選択によって異常に遅くなるケースも報告されている。他社のゲームエンジンやゲーム、ビュワーなどのインストールよって、3D 環境に手を加えているケースなどは注意して欲しい。

7.1 GodotIDE の 3D モードの操作留意点

　まず 3D 環境下の操作で覚えておいて欲しいことは、視点の操作である。

　視点に関しては IDE の 3D ビュー内、左上の「透視投影」をクリックするとメニューが表示される。必要に応じて、視点を選択する（図 7.1）。

図7.1●3Dモードの視点設定

　また IDE 上部右側のタブ「ビュー」を設定することで、3D モードの分割ビューポートの設定ができる（図 7.2）。

図7.2●3Dモードのビューポート設定

また右上の空間軸の「ギズモ」で、視点位置を変更できる（図7.3）。

図7.3 ● 3Dモードの視点のギズモ

また、慣例的に 3D を操作するソフトウエアでの視点変更「ギズモ」は、3D の XYZ 軸と光の三原色の RGB を対応づける。また Godot の空間の軸は「右手系[3]」であり手前側に、Z 軸の増分が増えていく。

このように 3D モードで大事なのは、マウス操作による視点のコントロールである。その他にもいくつか覚えておくと便利な点があるが、具体的には脚注の技術系ブログ[4] を参考にされたい。

ノートパソコンなどでマウスを外付けしていない場合や、ホイルスクロール機能のないマウスを持っている場合、また、他のソフトとの兼ね合いでマウススクロール機能の設定が難しい場合は、ノートパソコンであれば Windows のタッチパッドの代替操作[5] を参考に、特に「ホイルスクロール」を最低限覚え、視点を遠ざけたり接近（ズーム）をする「拡大縮小」の操作を可能にしておく。

7.2 Main シーンの設定

Main シーンの設定をする。ここでは物理挙動をサポートするプレーヤ（KinematicBody ノードを用いる）や、キャラクタを受け止めるグラウンド（StaticBody ノードを用いる）、空間全体の光を決定するディレクショナルライト（DirectionalLight）、Godot の 3D 表示に必要なカメラ

※3 Godot の右手系の軸は、X 軸は右方向、Y 軸は 3 次元の上空方向、Z 軸は手前への増分である。軸方向が同じものの、左手系の増分は、X、Y 軸は同一方向で Z のみ増分方向が違う。ちなみに Blender は右手系であるが、Z 軸が上空方向である

※4 「俺に解るように説明する "Godot Engine 3.x" 入門 +」https://ore2wakaru2.hatenablog.com/entry/2018/02/25/180000

※5 「ノート PC をもっと便利に！ Windows 10 のタッチパッドジェスチャー」https://mypage.otsuka-shokai.co.jp/contents/business-oyakudachi/pc-techo/2019/07.html

（Position3D ノード,Camera ノードを用いる）の設定をしてゲームのユーザインターフェイスを構成する。3D のゲームなので、空間はもちろん 3 次元で構成されている。ユーザインターフェイスはカメラによって 3D 空間が切り取られた「窓」が外観の大きな要素である。

しかし、ここでは 3D ゲームにおけるスコアの表示や、ステータス、キーボードやマウス以外の空間におかれる操作系のユーザインターフェイスについては検討しない。あくまでも 3D ノードの設定や挙動についてのみ理解をすすめる。

Main シーンは「ルートノードを生成」から「3D シーン」を選択して設定する（図 7.4）。

図7.4●3Dルートノードの生成

Godot は、2D のノードは青色のアイコン、3D のノードは赤いアイコンで示される。インスタンスされたノードを「Main」と名称変更しよう。空の状態でシーンをいったん保存する。名前は `Main.tscn` とする。

次に Main の下に Node を新規作成し、検索ワードを static として、「StaticBody」を作成しよう。StaticBody は「Ground」と名称変更する。

次に黄色のエラーアイコンの問題を解消する。「CollisionShape」を検索して作成し、Shape プロパティから「新規 BoxShape」を作成する。作成された「BoxShape」の編集から、「Extents」によってサイズを決めておく。厚み（y）は 1 のまま、x = 30、z = 30 とする（図 7.5）。

図7.5●地面のコリジョン設定

次に地面のポリゴンの実体である「箱」を準備する。コリジョンとは「見えないバリア」のようなもので、それに重なる「箱 = 実体」を準備しないと視覚化されない。Ground の子ノードに「MeshInstance」を作成し、Mesh プロパティから「新規 CubeMesh」を作成する。作成された

「CubeMesh」の編集から、「Size」によって大きさを決めておく。コリジョンとはサイズ単位が異なるので注意する。x = 60、z = 60 とする（図 7.6）。

図7.6●地面のサイズ設定

　この状態では厚み分がゼロより上にあるので、厚みを考慮して移動させる。Ground の Transform を調整する（図 7.7）。

図7.7●地面のレベルの設定

　下げると座標面のメッシュが描画され、座標平面と Ground が面一（つらいち：面が一致する）の状態になったことがわかる。

　次に Ground の子ノードに「DirectionalLight」を作成する。DirectionalLight は「無限遠」から来る平行光線である。3D 空間における位置は、光が照らされる物体の「ハイライトの位置」を考慮する場合に使う。DirectionalLight の初期値は、地面と平行な光線なので、回転をさせて地面を照らす必要がある。ここでは Transform プロパティの「Rotation Degrees（回転角度）」から x の値のみ –45 に指定しよう。オブジェクトのまわりのギズモもそれにつれて回転する。影ができるように「Shadow」プロパティを「Enabled」にしておく（図 7.8）。

図7.8●影の設定

　Main シーンの最後にカメラを設定するが、カメラを載せておく「三脚」や「雲台」の位置を決めておき、それを動かして制御すると考えるといいだろう。カメラにも確かに位置や回転のプロパティもあるが、「Pivot」を中心に考えておくとよい[6]。

　Main の下に「Position3D」を作成し、「CamPivot」と名前を変える。一旦垂直に上げ、真下にカメラが向くよう回転をさせておこう（図 7.9）。

図7.9●カメラの位置（仮設定）

　ここで「CamPivot」の下に「Camera」を作成する。カメラからの画像を確認したい場合は、シーン上でカメラを選択し、3D ビューの左上に「プレビュー」にチェックを入れて確認をする（図 7.10）。

図7.10●プレビュースイッチ

※6　モデリングにおけるローカル座標系のようなもので、カメラ座標系を分けるという考え方である。カメラをシーンの 1 構成要素とするか、カメラを独立ノードするかは、設計に基づくケースバイケースである。

これをクリックするとカメラビューになる。必要に応じてビューポートを二つにし、どちらか
をプレビューにして作業をする。

ここまでで、Main シーンを設定した。最終的な設定状況を示す（図 7.11）。

図7.11●3DゲームのMainシーン設定

忘れずにシーンを保存する。

7.3 Player シーンの設定

ダウンロードした 3D データを、現在のプロジェクトフォルダに入れる。必要なファイルがイン
ポートされ展開される（図 7.12）。

図7.12●3Dゲームのリソースファイル

3D オブジェクトの glb・glTF 形式については第 8 章で詳しく述べる。海外では比較的普及が進
んでいる標準的なファイルフォーマットを Godot は採用している。

では Player シーンを設定する。新規シーンで「KinematicBody」をシーンファイルとしよう。
新設をしたら、ファイル名を「Player」としておく。さらに 3D モデルの位置として「Position3D」

を設置する。そこに、ファイルシステムから Slime_player.glb をドラッグ＆ドロップする（図7.13）。

図7.13●player.glbのドラッグ＆ドロップ

すると 3D モデルがインポートされて、シーンに表示される。

全体の位置を適切に上側に移動し、Player の下面がギリギリ、接地するように調整する。この調整は左か右の側面図によって調整を施すと良い。次に、ゲームの得点システムとも深く関連するが、Player の下面に敵が接触した（踏んだ）ら得点となるように、プレーヤのコリジョンを設定する。その場合、「CollisionShape」をノードとして追加し、Shape プロパティから「新規CapsuleShape」を選択する（図 7.14）。

図7.14●CapsuleShapeの設定

　CapsuleShape を編集し、右側面からのビューに変更する。Scale プロパティを y = 0.7、z = 0.7 とする。赤い二重丸の大きさの調整ハンドルを操作して、コリジョンが適切に 3D オブジェクトを覆うように設定する（青い線の○）（図 7.15）。

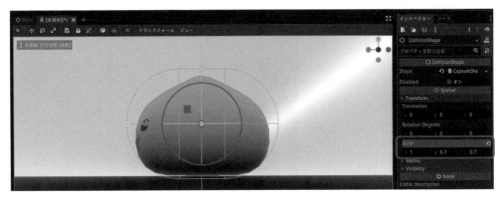

図7.15●CapsuleShapeの設定：右側面とスケール

　また、上から見たビューでもコリジョンを適切に設定する（図 7.16）。

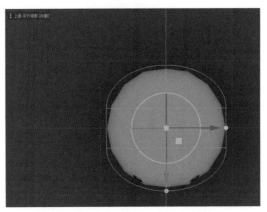

図7.16●CapsuleShapeの設定：上側から

　最後に Player のスクリプトを入力する。Player に新たにスクリプトを設置して以下のように書き換える。

コード7.1●3DのPlayer.gd

```
1  extends KinematicBody
2
3  # 秒間の動き
4  export var speed = 14
```

```
 5  # 落下の係数
 6  export var fall_acceleration = 75
 7  # ジャンプの係数
 8  export var jump_impulse = 20
 9  # 跳ね返り係数
10  export var bounce_impulse = 16
11
12  var velocity = Vector3.ZERO
13
14  func _physics_process(delta):
15      var direction = Vector3.ZERO
16
17      if Input.is_action_pressed("ui_right"):
18          direction.x += 1
19      if Input.is_action_pressed("ui_left"):
20          direction.x -= 1
21      if Input.is_action_pressed("ui_down"):
22          direction.z += 1
23      if Input.is_action_pressed("ui_up"):
24          direction.z -= 1
25
26      if direction != Vector3.ZERO:
27          direction = direction.normalized()
28          $Position3D/Slime_player.look_at(translation - direction, Vector3.UP)
29
30      # ジャンプ
31      if is_on_floor() and Input.is_action_just_pressed("ui_accept"):
32          velocity.y = jump_impulse
33
34      velocity.x = direction.x * speed
35      velocity.z = direction.z * speed
36
37      velocity.y -= fall_acceleration * delta
38      move_and_slide(velocity, Vector3.UP)
39
40  # Called when the node enters the scene tree for the first time.
41  func _ready():
42      pass # Replace with function body.
43
44
```

7

```
45  # Called every frame. 'delta' is the elapsed time since the previous frame.
46  #func _process(delta):
47  #    pass
```

以下にスクリプトのポイントを解説する。

- 3 から 10 行目：先頭には移動に関わる定数が定義されている。
- 12 行目：velocity は移動量計算のための 3 次元ベクトル。34 から 37 行目で移動量を計算している。移動量は speed と fall_acceleration を定数として用いている。
- 14 行目：通常の 1/60 秒で実行されるプロセスは物理エンジンに依拠する _physics_process(delta) メソッドを用いる。delta を確認してどの程度のタイムラグがあるか確認しよう。
- 15 行目：direction は Player を移動させる 3 次元のベクトルである。矢印キーに応じて、軸の増分（1 もしくは –1）を、1 軸のみに設定する。
- 17 行目など：Input オブジェクトは 3 次元でも用いることができる。
- 26 から 28 行目：押されたキーの軸の増分にもとづいて、Player の 3 次元オブジェクトを必要な方向に向かせている（look_at() メソッド）。direction に変化がない場合（キーが押されていないとき）は方向を変化させない。
- 38 行目：move_and_slide(velocity, Vector3.UP) メソッドの 1 番目の引数は移動量を表し、2 番目の引数は上方向を指定している。move_and_slide() メソッドの詳細は公式のホームページに詳しく紹介されている[7]。

ここまでの Player シーンを保存しておこう。

ここでいったん Main シーンに戻る。Main シーンで作った Player.tscn をインスタンスして表示させ、適切な動きか確かめる（図 7.17）。

図7.17●player のインスタンス

※7 「KinematicBody」https://docs.godotengine.org/ja/stable/classes/class_kinematicbody.html

「親のシーンやノードがない」と受け取れるエラーが出たら、Main シーンが選択できていない可能性がある。その場合「Main（Player を含ませるシーン）」を選択し直し、もう一度インスタンスを繰り返す。これは予め、Player を Main の下に作ることと作業結果は等価となるが、他のプロジェクトで使用したシーンの再利用目的でプロジェクトに取り込む手順と考えるとよい。

インスタンス後は以下のような画面になるはずである（図 7.18）。

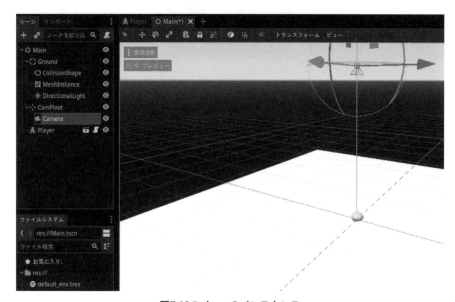

図7.18●playerのインスタンス

ここでカメラを選択し、プレビューで見ると真上からの Player が見える。仮にシーンを実行してみたとしても、真上から見ているのでテクスチャも見えず立体感が乏しい。

そこで「CamPivot」の位置と角度を変更し、斜め下を見下ろすようにする（図 7.19）。

図7.19●カメラ位置・回転の変更

更にカメラの設定を適切な投影方法とサイズに変更する（図 7.20）。

図7.20●カメラの投影法とサイズ変更

3D の投影法

　3D のカメラから見える風景をどのように画面に描くかが「投影法」である。投影法には視点から物体に平行な視線で形を描画する「平行投影：Orthographic」（平行な光線の影が物体の形状になる）と透視法（消点：バニシングポイントを用いて現実の見え方に近い描画法）を用いた「透視投影：Perspective」をよく用いる（図 7.21、図 7.22）。

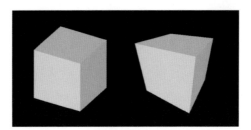

図7.21●平行投影と透視投影の見え方

図7.22●平行投影と透視投影の設定

　そのほか Godot では視錐台（視点の長方形と投影面の長方形）を設定する「Frustum」も設定できる。

これでシーンを実行し、キーが適切に動くか、ジャンプが可能かを確かめておこう。カメラの

視線が 45 度で、ライトの傾きも 45 度であれば影が完全に隠れて見えない場合もある。その場合はライトの傾きを修正して影を生成しよう。

7.4　Mob シーンの設定

　Mob シーンは Player と同様に、新規で「KinematicBody」をシーンファイルとし、ファイル名を「Mob」としておく。さらに 3D モデル位置の「Position3D」を設置し、ファイルシステムから Slime_mob.glb をドラッグ & ドロップする（図 7.23）。

図7.23●Slime_mobのドラッグ&ドロップ

　すると 3D モデルがインポートされて、シーンに表示される。Mob の 3D モデルが、地面に設置するように y 軸を操作する。

　次に、このプレーヤのコリジョンを設定する。Player と同様にこの調整は左か右の側面図によって調整を施す。「CollisionShape」をノードとして追加し、Shape プロパティから「新規 CylinderShape」を選択する。「CollisionShape」を編集し、Scale プロパティと Translation プロパティを適切に設定する（図 7.24）。

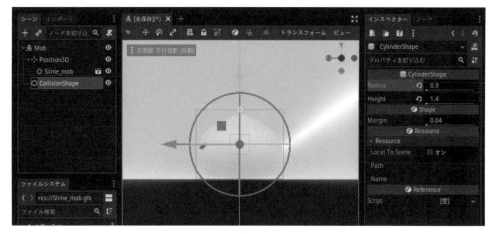

図7.24●Mobのコリジョン、スケールと位置

7.5 Player、Mob のコリジョンレイヤの設定

キャストが出揃ったので、コリジョンレイヤの設定をする。「プロジェクト設定」の「Layer Names」に名前を設定する（図 7.25）。

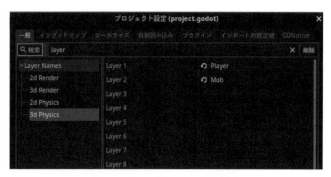

図7.25●コリジョンレイヤの設定

二次元の時と同様に、Layer と Mask をセットする。図は Player の場合である（図 7.26）。

図7.26●Player コリジョンレイヤ・マスクの設定

7.6 Mob のスクリプト

まずは Main シーンに Mob をインスタンス化する。Main シーンをクリックした後、「鎖アイコン」からシーンをインスタンス化する（図 7.27）。

図7.27●Mob シーンのインスタンス化

次に Mob.gd を新設する。ここではまず Mob が接触を検知したら、シグナルを送る。

```
signal mob_hit
```

二次元の時と同様に、Player を追いかけるスクリプトを考える。まずは、インスタンスにおける位置等の考え方である。

コード7.2●3DのMob _ready()メソッド

```
1  signal mob_hit
2  var player_position
3  var velocity = Vector3.ZERO
4
5  func _ready():
6      player_position = get_node("/root/Main/Player/")
7      randomize()
8      while(1):
9          translation.x = rand_range(-10.0,10.0)
10         translation.z = rand_range( 0.0,20.0)
11         var dist = translation.distance_to(player_position.get_translation())
12         if (dist > 8.0):
13             break
```

Mob の位置 (x, y) を乱数で得ている[8]が、Player と Mob の距離を計算して（distance_to() メソッド）近すぎないよう 8 より大きく設定している。

次に、物理演算ノードの挙動メソッドの _physics_process() メソッドを設定する。

コード7.3●3DのMob _physics_process()メソッド

```
1  func _physics_process(_delta):
2      var direct = player_position.get_translation()
3      velocity = translation.direction_to(direct)
4      look_at(-direct,Vector3(0,1,0))
5      var collis = move_and_collide(velocity*3*_delta)
```

---

translation.direction_to() メソッドは正規化された、対象へのベクトル（方向）を得る方法である。

move_and_collide() メソッドは、衝突したノードを得ながら与えられたベクトル分の移動をする。

ここまでで、Player と Mob の自動追尾のアプリができる。挙動を確認しよう。

---

[8] 正確にはカメラから視認して、Player の移動可能範囲に当たりをつけて、その範囲の乱数を設定する

7.7 Player と Mob のシグナル

　まずは Main シーンにスクリプトを新設しておく（`Main.gd`）。このスクリプトはシグナルを受ける目的のスクリプトである。当初は空の状態でよい。

　次に、Player のシグナルである。Player から能動的にぶつかったときに発生させる。ここからは `Player.gd` を編集する。

```
signal player_hit
```

　これをソースに書き込み、`player.gd` を保存した後に「Main シーンの Player 選択」から、「ノードのシグナルタブ」を選択すると、「Player_hit」シグナルが定義されているのがわかる。それを右クリックして接続を選ぶ（図 7.28、図 7.29）。

図7.28●Player_hitシグナルの接続

図7.29●Player_hitシグナルの接続のMainシーンへの接続

今はロジックを作り込まないので、シグナルが送られたか確認する。print 文をなどを作って確認できるようにしておく。

同様に Mob も Main でシグナルを受ける関数を作っておく。シグナルは 7.6 節で既に記述しているのでそれを利用する。

Player.gd において、実際にシグナルを送る仕組みは、移動の際に「衝突を検出した相手」を同定して発信できるようにする。コリジョンレイヤの設定と複合して、確実に接触する手法を考えよう。_physics_process() メソッド内に以下を書き込む。

コード7.4●Playerのコリジョンシグナルの発信

```
move_and_slide(velocity, Vector3.UP)

for i in range(get_slide_count() - 1):
    var collision = get_slide_collision(i)
    if(collision.collider.name=="Mob"):
        emit_signal("player_hit")
        break
```

ぶつかった物体が Mob か確かめて、シグナルを送っている。move_and_slide() メソッドの接触コリジョンを得る手順は以下の通り。

- move_and_slide() メソッドを呼ぶ（この場合の返り値はベクトルなので、このケースでは使用できない）。
- get_slide_count() メソッドでぶつかったコリジョンの数を得る（その数でループを作る）。
- get_slide_collision() メソッドでぶつかったノードを得る。
- コリジョンオブジェクト .collider.name によってぶつかった「名前」が得られるので、それを元に判定し、シグナルを送る。

最終的な Player.gd は以下の通り。

コード7.5●3DFirstプロジェクトのPlayer.gd最終形

```
1  extends KinematicBody
2  signal player_hit
3
4  # 秒間の動き
5  export var speed = 14
```

```
 6  # 落下の係数
 7  export var fall_acceleration = 75
 8  # ジャンプの係数
 9  export var jump_impulse = 20
10  # 跳ね返り係数
11  export var bounce_impulse = 16
12
13  var velocity = Vector3.ZERO
14
15  func _physics_process(delta):
16      var direction = Vector3.ZERO
17
18      if Input.is_action_pressed("ui_right"):
19          direction.x += 1
20      if Input.is_action_pressed("ui_left"):
21          direction.x -= 1
22      if Input.is_action_pressed("ui_down"):
23          direction.z += 1
24      if Input.is_action_pressed("ui_up"):
25          direction.z -= 1
26
27      if direction != Vector3.ZERO:
28          direction = direction.normalized()
29          $Position3D/Slime_player.look_at(translation - direction, Vector3.UP)
30
31      # Jumping.
32      if is_on_floor() and Input.is_action_just_pressed("ui_accept"):
33          velocity.y = jump_impulse
34
35      velocity.x = direction.x * speed
36      velocity.z = direction.z * speed
37
38      velocity.y -= fall_acceleration * delta
39      move_and_slide(velocity, Vector3.UP)
40
41      for i in range(get_slide_count() - 1):
42          var collision = get_slide_collision(i)
43          if(collision.collider.name=="Mob"):
44              emit_signal("player_hit")
45              break
```

```
46
47   # Called when the node enters the scene tree for the first time.
48   func _ready():
49       pass # Replace with function body.
```

Mob.gd においても同様に、ぶつかった物体が Player か確かめて、シグナルを送る。move_and_collide の場合は返り値はぶつかったノードである。そのためソースはかなり短くなる。

_physics_process() 全体のソースコードを以下に示す。

コード7.6●Mobのコリジョンシグナルの発信

```
func _physics_process(_delta):
    var direct = player_position.get_translation()
    velocity = translation.direction_to(direct)
    look_at(-direct, Vector3(0,1,0))
    var collis = move_and_collide(velocity*3*_delta)

    if( collis != null ):
        # print(collis.collider.name)
        if( collis.collider.name == "Player"):
            emit_signal("mob_hit")
```

最後にメインシーンを設定して、1つのまとまりとして実行できるように設定する（図7.30）。

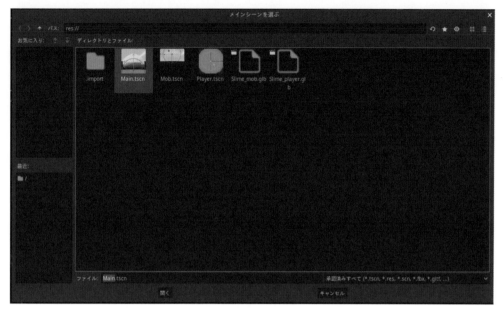

図7.30 ● 3DFirstにおけるメインシーンの設定

さて、これだけでは2つのキャラクタによる衝突検知システムを構築したに過ぎない。
ここから3Dゲームに発展させるチャレンジをしてほしい。

8

Godot における 3DCG のファイル形式と Blender からのエクスポート

この章で学べること

- Godot で採用されている 3DCG データ形式「glTF」のあらまし
- アニメーション付き glTF のインポート

　Godot はデータ流通に関して、互換性を確保したい意図が強く、それに準じた設計がされている。互換性については、発案者・開発者が異なりたまたまとも思われるが、3 次元のデータ設計はオープンソースのデータ形式を採用して互換性を確保している。

　この章では Godot で用いられる 3 次元 CG フォーマットの glTF のあらましを解説する。Godot での 3 次元データハンドリングに役立てて欲しい。

8.1　glTF とは

　glTF は Khronos Group[1] が仕様を策定している 3DCG フォーマットである。glTF についてはこの英語サイトの glTF が詳しい[2]。

　また、glTF はジオメトリ（表面：端点とスキン・アニメーション）とテクスチャを JSON 形式[3]（JavaScript とは言っても JSON は言語を問わず用いられる）でまとめた形式である。JSON 形式を採用したことで読み込みと書き出しの汎用性が上がり、3DCG ソフトやゲームエンジンとの親和性が上がっている（図 8.1）。

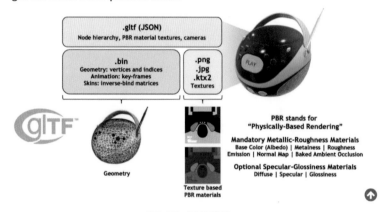

図8.1●glTFの構造

※ 1　「Khronos Group（日本語版）」https://jp.khronos.org/

※ 2　「Khronos Group glTF」https://www.khronos.org/gltf/

※ 3　「JavaScript Object Notation」https://ja.wikipedia.org/wiki/JavaScript_Object_Notation

　また glTF を扱えるサービスも現在多く存在している。3DCG ソフトで言えば、Blender、MAYA、3DS MAX などでエクスポートやインポートが可能なこと、ゲームエンジン側でも Godot、UnrealEngine、Unity などでインポートが可能なこと、世界有数の 3DCG データ流通サイト Sketchfub などで glTF のデータ形式が標準的に扱われていることで、エコシステム（経済圏）を形成していると主張している（図 8.2）。

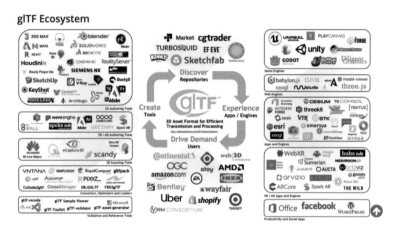

図8.2●glTFのエコシステム

　特に「Sketchfub」は標準で glTF のエクスポータが準備されており、このエコシステムへの積極的な関与が見える。また Apple 社の AR は「Reality Composer」という専用のアプリケーションによって AR 形式のファイルを作るが、その標準形式の 1 つに glTF が採用されている[4]。

8.2　glTF の詳細

　glTF の詳細は GitHub にスペック解説が挙げられている[5]。また「Overview：概要」の図は Takuto Takahashi によって日本語訳されている[6]（図 8.3）。

※ 4　「AR 制作ツール」https://developer.apple.com/jp/augmented-reality/tools/

※ 5　「KhronosGroup/glTF」https://github.com/KhronosGroup/glTF

※ 6　「gltfOverviewJapanese」https://github.com/randall2835/gltfOverviewJapanese

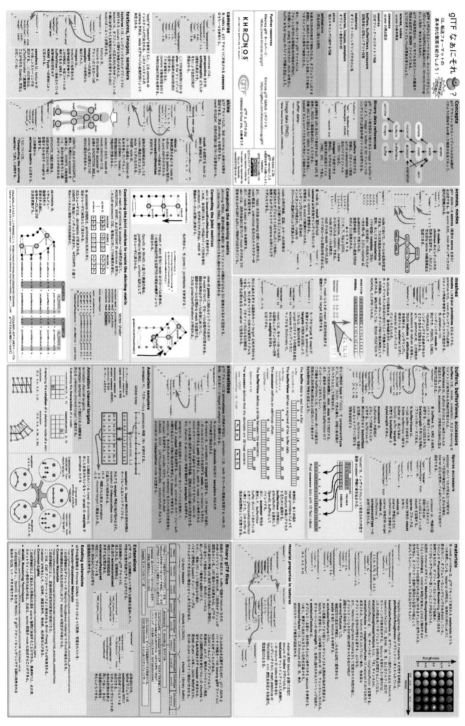

図8.3●glTFの概要

　ここで注目すべき点は、gITF のコンセプトと Godot の構造コンセプトの合致である（図 8.4、図 8.5）。

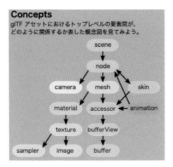

図8.4●gITFのコンセプト

図8.5●gITFのコンセプト2

　シーンとノードの扱いは、Godot の扱いと非常によく似ている。この親和性が Godot が glTF を採用した理由と推測できる。先ほども述べたように拡張子 gltf は JSON 形式のテキストである（図8.6）。

```
● ● ●    scene.gltf

 1  {
 2    "accessors": [
 3      {
 4        "bufferView": 3,
 5        "componentType": 5126,
 6        "count": 1190,
 7        "max": [
 8          71.430313110351562,
 9          14.672247886657715,
10          119.55829620361328
11        ],
12        "min": [
13          -71.430313110351562,
14          -16.036165237426758,
15          -0.031425487250089645
16        ],
17        "type": "VEC3"
18      },
19      {
20        "bufferView": 3,
21        "byteOffset": 14280,
22        "componentType": 5126,
23        "count": 1190,
24        "max": [
```

図8.6●glTFをエディタで見る

8.3 glTF の留意点

　glTF の扱いで注意しなくてはならないのは「右手系：手前方向が Z 軸の増分」であり、Y 軸の増分が上方向であることと、glTF は単位系がメートルのため、3DCG ソフトの単位系をメートルに合わせて作成するか、ゲームエンジン側でスケール調整が必要である。

8.4 glTF の Blender でのエクスポート

さて、それでは実際に Blender を用いてエクスポートを試みる。ここでは非常に簡単な人型にボーンを入れたモデルを実際にエクスポートし、一通りの流れを体験する。以下に重要なポイントを示す。本書では Blender の操作に関しては割愛するので、他の参考資料にあたってほしい。

Blender を扱う上でのポイントは以下の通りである。

- モデリング等は本書に限らず、通常のモデリングと同じ手法である。例えば細部が詳細なハイポリゴンのモデルを考える場合は、おおまかなローポリモデルから、詳細なハイポリモデルに変換していく手順を採るとよい。

  また、ボーンによるアニメーションデータを考える場合、後述するように早い段階で細部を扱うことは得策ではないだろう。

  また、法線が外を向いているか確認することはこのデータに限らず重要なポイントである（図8.7、図 8.8）。

図8.7●Blenderのモデリング

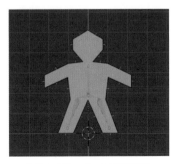

図8.8●Blenderの法線確認

8

● ボーンはアーマチュアで入れる。左右対称に入れること（図 8.9）。エクステンションを有効にするとボーンを自動的に作ってくれるが、ボーンが多すぎるなどの問題は起きる。キャラクタの衣服などの複雑なポリゴンは本書では扱わない。

図8.9●Blenderでのボーン入れ

● 必要な端点以外、影響を排除すること。ウェイトのペイントは端点に塗っていると考えること（面ではない）。ウエイトペイントへの入り方に Blender はクセがあるので注意すること（図8.10）。

図8.10●Blenderでのウエイトペイント

● 補完させたいキーフレームに移動して、ボーンを動かしアニメーションを完成させる（図8.11）。

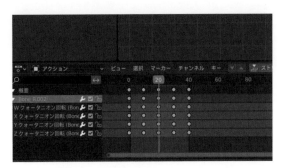

図8.11●blenderでのアニメーション

最終的にアニメーションが完成したら、gITF のエクスポートをする（図 8.12）。

図8.12●BlenderでのgITFエクスポート

また、Y 軸の増分は上方向であること確認する（図 8.13）。

図8.13●BlenderでのgITFエクスポートY軸確認

自作 3DCG の Godot への インポートとハンドリング

　gITF ファイルが出力できたので、Godot にインポートする。ここでは、インポートとハンドリングのみを中心に行い、コリジョンなどの詳細のプログラミングは実施しない。詳細は第 7 章を参考にして、正しいノードへのインポートとプログラミングにチャレンジして欲しい。

　プロジェクト名は「3Dimport」としておく。3D ゲームを見越したプロジェクトなので、ルートノードは「Spatial」、3D データを設定するノードは「KinematicBody」として、ここでは 3DPosition ノードを用いず、直接 Camera を設置する。また本書サポートページからダウンロードした「第 8 章」の usuihito.gltf をフォルダに入れておく（図 8.14、図 8.15）。

図8.14●gITFインポート準備1

図8.15●gITFインポート準備2

　このままではアニメーションの加工や編集ができない。加工や編集をしたい場合は、新規に継承シーンを作成しアニメーションを複製して編集可能にする。gITF から新しいシーンを継承する（図 8.16）。

図8.16●glTFからシーンを生成する

glTF をメインシーンに取り込むために保存しておく（図 8.17）。

図8.17●glTFシーンの保存

メインシーンに戻り、シーンを KinematicsBody にドラッグする（図 8.18）。

図8.18●glTFを連携する

　Blender でのスケールを合わせていないため、巨大なモデルがインポートされる。ここでルート
ノードを「Main」という名前に変更し、保存しておこう。

　次にインポートされたシーンを調整して適切なスケールにする（図 8.19）。

図8.19●glTFシーンのスケール変更

オレンジの枠：バウンディングボックス

　データをインポートしたときに、オレンジ色の枠が見えることがある（本書付属のデー
タも同じようなことが起きる）。Blender 側では特に何の設定もせずデータを作成し、取
り込んでいるだけであるが、インポートの際に自動でバウンディングボックスが付与され
るようである（図 8.20）。

図8.20●インポート時のバウンディングボックス

この場合は、親ノードのどこかで適切なコリジョンを設定し、制作途中のいずれかのタイミングでコリジョンの大きさを決めると自動でバウンディングボックス(オレンジの枠)が設定される（図8.21）。

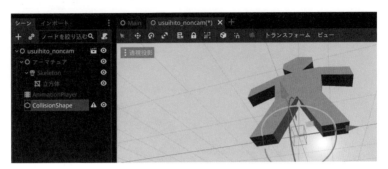

図8.21●コリジョンを設定した場合

次に、カメラも適切な位置に動かし、回転させておく（図8.22）。

図8.22●インポートシーンのカメラ設定

適宜プレビュー画面で「見え方」を確認をしておこう（図 8.23）。

図8.23●インポートデータのカメラビュー

ここでインポートしたシーン（usuihito.tscn）をクリックし、インポートされた glTF を確認する。展開されたシーンの中から「AnimationPlayer」を選択すると、IDE の最下部が「アニメーション」タブに切り替わり、内容が確認できる。Blender で作成したアニメーション名を設定せずに glTF をエクスポートすると、データのアニメーション名は "Action" がデフォルトになる（図8.24）。

図8.24●インポートデータのアニメーション名

このアニメーション名「Action」を、Godot に引き渡して動作をさせる。ほとんど実用的でないが、動作を理解する目的で、ここではアプリケーション実行時に 1 回だけアニメーションを起動させるスクリプトを考える。

メインシーンにスクリプト（Main.gd）を作成する。_ready() メソッド内に、アニメーションを呼び出す機能を追加する。$ を用いて Main シーン下の KinematicBody の usuihito シーンを引き当てる。usuihito には AnimationPlayer が含まれているので、そのメソッドの「play」を呼び出す。IDE のコードアシストを用いると、アニメーション名「Acition」が選択できる。

コード8.1●インポートしたgITFアニメーションへのアクセス

```
func _ready():
    $KinematicBody/usuihito/AnimationPlayer.play("Action")
```

実行して、アニメーションが起動するか確かめよう。

やってみよう！　**gITF のアニメーションをキーにより再生させる**

上下キーを用いて、キーを押している間アニメーションを実行させる。ヒントを以下に示す。

● 後々のことを考えると、プロセスは _physics_process() を用いる。
● キーの取得は Input オブジェクトを用いる。
● if 〜 elif 〜 else を用いて制御する。
● ↑キーは "ui_up"、↓キーは "ui_down" を用いる。
● シーンの引き当ては $ を用いる（シーンに直接インスタンスされているため）。
● AnimationPlayer には stop メソッドがある。アニメーションを停止するか、一時停止する
  かは脚注を参考にして欲しい[7]。

ここでは、3D のデータを移動させずに考えよう。

8

※ 7　「AnimationPlayer」https://docs.godotengine.org/ja/stable/classes/class_
animationplayer.html?highlight=animationplayer

9

アニメーションが複数含まれるデータの
コントロール

この章で学べること

- 複数のアニメーション付き glTF のハンドリング
- UI キー（イベントキー）の追加方法
- キー＋ SHIFT の検出方法
- キーによるアニメの再生の拡張とイベントマップへの対応

　ここでは、複数のアニメーションが含まれる 3D データをハンドリングする方法を確認しよう。
Blender などで多くのアクションを持つ 3D データを作成したあとに、どのようにハンドリングす
るか検討する。使用データはホームページに掲載されている「第 9 章」のフォルダに含まれるデー
タを使用する。

9.1　Godot へのインポート

　ここではコリジョンの設定は解説しない。必要があれば第 7 章等を参考にして実装して欲しい。
まず、このゲームプロジェクトのプロジェクトに関してデータをセットする。

- ここではプロジェクト名を「Majotest」としている。
- スタート時の選択：レンダラーは「OpenGLES3」を推奨する。編集速度が気になるようなら
「OpenGLES2」を選択する。「第 9 章」のサンプルシーンは「OpenGLES2」での動作を確認済
みである。
- プロジェクト設定：Resizeable オフ、Aspect keep、画面サイズ 1024 × 600。
- 今までと同様に、サービスデータの「第 9 章」をダウンロードし、データをプロジェクトフォ
ルダにコピーする。Majo.gltf が必要である。

　Godot へのインポートは、第 8 章と同様に新しい 3D シーンをインスタンスする。3D ゲー
ムを見越したプロジェクトなので、ルートノードは「Spatial」、3D データを設定するノードは
「KinematicBody」として、ここでは 3DPosition ノードを用いず、直接 Camera を設置する（再掲：
図 9.1）。

図9.1●glTFインポート準備

majo.gltf を右クリックして「新しい継承シーン」としてインスタンスする（図 9.2）。

図9.2●glTFデータのインスタンス

継承してインスタンスしたシーンの名前を「majo」等に変更し、シーンを保存しておく。元々のメインのシーンも「Main」等の適切な名前にして保存しよう。

メインのシーンに戻って「KnematicBody」に保存した「majo」シーンをドラッグする（図9.3）。

図9.3●KinematicBodyノードとglTFシーンの対応

　キャラクタがインスタンスされたら、シーンに対してスケール変更をする。そのままでもいいが、概ね 1/2 程度のサイズ感で良い（図9.4）。

図9.4●majoの初期位置

　同様にカメラも移動する。設定値を図9.5 に示す。

図9.5●Majoへのカメラ設定値

　適切な画角で収まっているか、カメラのプレビューで確認しよう（図9.6）。

図9.6●Majoへのカメラ画像

ここで全てのアニメーションを再生してみる。KinematicBodyを「MajoBody」という名前に設定し直し、それにスクリプトを作る（図9.7）。

図9.7●MajoBodyのスクリプト生成

その _ready() メソッドにアニメーションの play() メソッドを入れる。$ を挿入し、コードアシストを用いて、必要なノードを探す（図9.8）。

図9.8●アニメーションノードの探索

play() メソッドには、アニメーション名を入力する必要がある。このデータのアニメーション名については、コードアシストから候補を得られる（図9.9）。

図9.9●Majoのアニメーション名の候補獲得

実際にプレイして、「walk」「run」「jump」のアニメーションについて観察しよう。

9.2 UI キーの設定と呼び出し

　この3種類のアニメーションを制御するには、↓キーは歩きであるが、↓＋SHIFT は走りといったようにキーで制御する。またここでは通常のキーマップに下方向を表す「S」キーを追加してみよう

　キーマップの拡張は「プロジェクト設定」の「インプットマップ」タグから「アクション」を探して、設定変更する。「ui_down」の右端に「＋」があるのでそれを押し、「キー」を選ぶ（図9.10）。

図9.10●キーマップのキー登録追加

　「キー」と「物理キー」の差は同様の実装目的の5.3節でも示した。国同士でアルファベットのレイアウトが異なるため、「物理的な位置」を優先するモードが「物理キー」とされている。次に定義したいキーを押すように促される（図9.11）。

図9.11●キーマップへのキー登録

　登録したいキーが認識されるとダイアログのキーが変化する（図9.12）。

図9.12●キーが認識された状態

　キーマップが変更されると一覧に追加される（図9.13）。

図9.13●キー登録後のキーマップ

9.3 アニメーションの制御コード

　ここでは物理ノードを用いているため func _physic_process() を用いて制御する。また SHIFT キーを押しているかどうかは、今のところキーアサインの変更ではうまくいかないため、Input イベントの is_key_pressed() メソッドを用いて、SHIFT 同時押しを検出する。

コード9.1●キーイベントフレーム処理

```
func _physics_process(delta):
    if Input.is_action_pressed("ui_down"):
        if Input.is_key_pressed(KEY_SHIFT):
            $majo/AnimationPlayer.play("run")
        else:
            $majo/AnimationPlayer.play("walk")
    if Input.is_action_just_released("ui_down"):
        $majo/AnimationPlayer.stop()
```

やってみよう！　キーによるアニメの再生を拡張し、イベントマップに対応させよう

- ジャンプ動作を追加しメソッドを改良しよう。
  is_action_just_released() メソッドを用いると、アニメーションの途中で強制的に止まってしまう。アニメーションが終わるまで待つ処理は「シグナル」を用いる。シグナルの処理は少し複雑になるので、ここでは stop させずにアニメーションが終わるまで放置するのも可読性を上げられる選択肢である。
- 「イベントマップ」に追加して文字による 4 方向（w は上、s は下、a は左、d は右のように機能を追加する）に対応しよう。また方向に準じて向きも修正しよう。
  4 方向の対応は、コード 7.1 を参考にしよう。コード 7.1 の手法を用いると自動でキーの方向にモデルが向く。

背景としての 3D モデル

この章で学べること

- 背景として使える 3D モデルのインポートのハンドリング
- その場合の 3D モデルのコリジョン
- 第 9 章で用いたキャラクタモデルとの組み合わせ
- キー入力に応じたキャラクタの移動

まずスケールの大きなデータをインポートしてコリジョンをつける。glTF は塊（かたまり）として インポートされるので、メッシュを設定し、コリジョンをつける方法も示す。

10.1 インポートテスト用プロジェクトの準備

背景を扱う 3D のプロジェクトを準備する。

以下のように、プロジェクトの設定と必要なデータをセットする。

- ここではプロジェクト名を「3DGround」としている。
- スタート時の選択：レンダラーは「OpenGLES3」を推奨する。編集速度が気になるようなら「OpenGLES2」を選択する。
- プロジェクト設定：Resizeable オフ、Aspect keep、画面サイズ 1024 × 600。
- 今までと同様に、サービスデータの「第 10 章」をダウンロードし、データをプロジェクトフォルダにコピーする。ground.gltf が必要である。このデータは OpenGLES2 での動作は確認済みである。

プロジェクト設定を以下に示す（図 10.1）。

図10.1●**3DGroundの設定**

フォルダができたところで、先ほどダウンロードした 3D モデルをフォルダにマージする（図 10.2）。

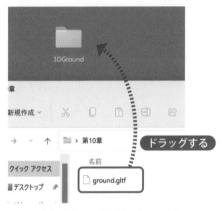

図10.2●3DGroundのデータマージ

ルートノードに 3D コントロールノードを設定し、「Main」に名前を変更しておく。

10.2 glTF のプロジェクトへの登録と地面データのコリジョン生成

　ここまでで、既にリソースがプロジェクトにインポートされて、glTF のハンドリングは可能になっている。

　glTF を元にした操作可能なシーンを新たに継承して作成しておく（図 10.3）。

図10.3●3DGroundの編集可能シーン作成

できあがったら操作している対象の明示のために保存しておこう（図 10.4）。

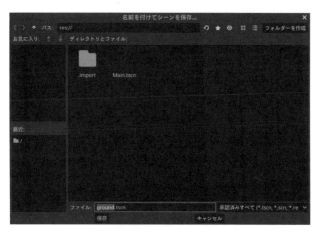

図10.4●3DGroundシーン保存

できあがったシーンをルートノード（Main）にマージする（図 10.5）。

図10.5●3DGroundシーンのマージ

　次にインポートした gITF に対してコリジョンをつけておく。他ノードとのコリジョンを確保して、重力など物理的な制御を可能にする。こうしてプレーヤなどキャラクタノードを配置可能にする。

　ルートノードでは無く、「ground（編集可能のためにインポートしたシーン）」の「Plane001」をクリックして、メッシュを確定する（図 10.6）。

図10.6●地面のメッシュの確定

　メッシュの確認後、ビュー内の視点操作ギズモ左上にある「メッシュメニュー」から「三角形メッシュ静的ボディを生成」を選択する（図 10.7）。

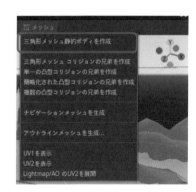

図10.7●地面のコリジョン生成メニュー

メッシュに沿って自動的にコリジョンが生成される。glTF のポリゴンに沿って、メッシュが生成されている（図 10.8）。

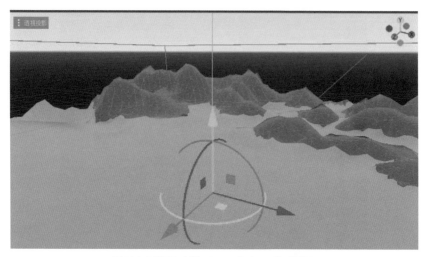

図10.8●地面に対してのコリジョン生成結果

シーンのメッシュに「StaticBody」と「CollisionShape」が追加されているのを確認しよう（図10.9）。

図10.9●コリジョンの自動生成

またルートノードと地面シーンの位置関係を調整しておこう（図 10.10）。

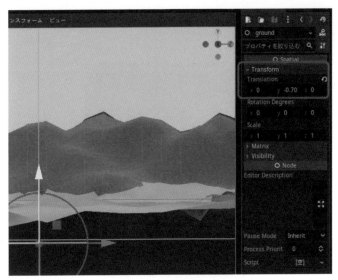

図10.10●地面の位置調整

座標原点を隠さないように位置を調整すると、追加されるノードが隠れない。

10.3 仮の Player の定義と設定

ここで、この 3D の背景に、プレーヤ的なノードを追加し、コリジョンを加えた挙動制御を例示しよう。

ルートノードに「RigidBody」を追加し、RigidBody には「MeshInstance」「CollisionShape」「Camera」を追加する（図 10.11）。

図10.11●仮のPlayer定義

　RigidBody に関してはモードを「Character」に、地面との跳ね返り設定で「PhysicsMaterial」を設定する（図 10.12）。

図10.12●仮のPlayerの物理設定

PhysicsMaterial のパラメータを設定する（図 10.13）。

図10.13●詳細な物理設定

　メッシュインスタンスには「SphereMesh」を設定する（図 10.14）。

図10.14●MeshInstanceのポリゴン実体

同様に CollisionShape を設定する（図 10.15）。

図10.15●仮のPlayerのコリジョン設定

特に設定変更をしなければ、MeshInstance も CollisionShape も同じサイズのものが座標原点に生成されるはずである。MeshInstance と CollisionShape について、スケール感が合わないので、それぞれを半分のサイズに設定し直した方がよい

Camera の位置はボール後方から見下ろす設定にする（図 10.16）。

図10.16●仮のPlayerのCamera設定

10

10.4 効果の確認

適切な高所に球を移動させる（図 10.17）。

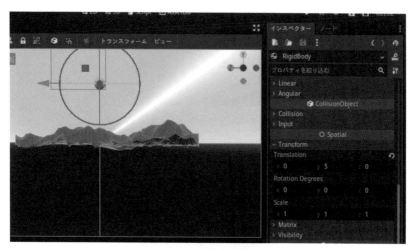

図10.17●球の位置設定

シーンを実行し、ジャンプするか確かめる（図 10.18）。

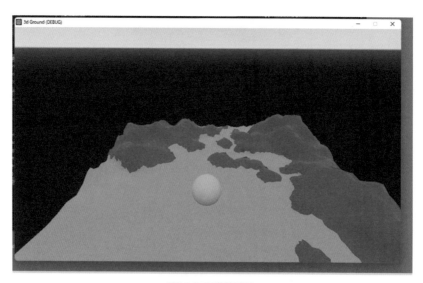

図10.18●挙動確認

キャラクタと地形データを合成した
プロジェクトの作成

では次に、地形データとキャラクタデータを組み合わせたプロジェクトの制作を試みよう。
まず、プロジェクトの設定と必要なデータをセットする。

● ここではプロジェクト名を「3DCharGround」としている。
● プロジェクト設定：Resizeable オフ、Aspect keep、画面サイズ 1024 × 600。
● 今までと同様に、サービスデータの「第10章」をダウンロードし、データをプロジェクトフォ
　ルダにコピーする。ground.gltf、majo.gltf が必要である。速度の問題が起きた場合に備えて、
　このデータは OpenGLES2 での動作は確認済みである。

ここで 10.2 節を参考にして、Main シーンを作成後、地形データを ground シーンとしてインポー
トしコリジョンをつけておく。
次に「RigidBody」を追加し、majo.gltf をドラッグアンドドロップしてシーンとして扱えるよ
うにしておく（図 10.19）。

図10.19●majo.gltfをインポートする

RigidBody の「Mode」は「Character」に設定する（図 10.20）。

図10.20●RigidBodyの「Mode」セット

背景のノードとの比率を考慮してデータのスケールを決める（図 10.21）。

図10.21●キャラクタのスケールを決定する

第三者視点のように「RigidBody」にカメラを新設して、適切な位置に配置する（図 10.22）。

図10.22●RigidBodyにカメラを配置する

「RigidBody」に追加する「CollisionShape」の設定は、x軸に 90 度回転させ立てておく。キャラクタを包むように適切に設定する（図 10.23）。図は左側面からみている。

図10.23●キャラクタのコリジョン設定

「RigidBody」からノード名を「MiniMajo」など適切な名前に変更し、スクリプトを追加する（図10.24）

図10.24●スクリプトの追加

スクリプトに関しての考え方は以下の通り。

- キーボードからの入力は Input.is_action_pressed() メソッドを用いて、矢印キーの入力を得る。
- キャラクタのアニメーションは "walk"、"run"、"jump" が設定されている。
- アニメーションの呼び出しは、シーンの下に glTF データを追加しているため $ で呼び出せる。majo シーンとして追加されているため $majo/AnimationPlayer.play("jump") などとして呼び出せる。
- キャラクタを方向キーに合わせて向かせるには、look_at() メソッドを使う。

以上を元とした MiniMajo.gd のコーディングを以下に示す。

コード10.1●MiniMajo.gd全体

```
1  extends RigidBody
2
3  func _ready():
4      pass # Replace with function body.
5
6  func _physics_process(delta):
7      var direction = Vector3.ZERO
8
9      if Input.is_action_pressed("ui_right"):
10         direction.x += 1
```

```
11      if Input.is_action_pressed("ui_left"):
12          direction.x -= 1
13      if Input.is_action_pressed("ui_down"):
14          direction.z += 1
15      if Input.is_action_pressed("ui_up"):
16          direction.z -= 1
17      if Input.is_action_pressed("ui_accept"):
18          $majo/AnimationPlayer.play("jump")
19
20      if direction != Vector3.ZERO:
21          if Input.is_key_pressed(KEY_SHIFT):
22              $majo/AnimationPlayer.play("run")
23          else:
24              $majo/AnimationPlayer.play("walk")
25          direction = direction.normalized()
26          $majo.look_at(translation - direction, Vector3.UP)
```

やってみよう！　**キーボードによるキャラクタの移動**

- 制御用の定数を準備する（例：export var speed = 5.5）。
- また、移動速度のベクトルを準備しておく（例：var velocity = Vector3.ZERO）。
- 方向と速度を用いて移動速度を計算する。2軸なのでそれぞれの軸で計算が必要である（例：velocity.x = direction.x * speed）。
- 最後に add_central_force() メソッドに velocity を渡して移動させる。

11

3D の Gridmap

この章で学べること

- パーツ化した 3D モデルを空間に配置して、背景を作る「グリッドマップ」を理解する。
- グリッドデータをインポートする（メッシュライブラリの作成）。
- グリッドから空間を生成する（メッシュライブラリから 3D シーンにブロックを配置して、空間を構成する）。
- ホームページからダウンロードできる多くのデータを使用した結果を図 11.1 に示す。

図11.1●Gridmapの完成想定結果

- キー入力に応じてキャラクタを移動する。

3D の基本的なテクニックの最後に「Gridmap」の実装方法を学ぼう。第 5 章で学んだ「タイルマップ」の 3 次元版である。Godot の 3D のタイルマップは「メッシュライブラリ」にあたり、そのノードは「MeshLibrary」である。考え方はタイルに当たる 3 次元データをメッシュライブラリ上に準備し、それをグリッドマップに収めた後に、メッシュを 3 次元シーンに配置していく。

11.1 Gridmap テスト用のプロジェクトの設定

今までと同じ 3D プロジェクトの設定とする。

- ここではプロジェクト名を「3DGridmapTest」としている。
- プロジェクト設定：Resizeable オフ、Aspect keep、画面サイズ 1024 × 600。
- ルートノードを 3D シーンで設けて、名前を「Main」に変更する。いったんシーンは保存しておく。
- 必要な 3D データをファイルシステムにマージする。ここでは、サービスデータの「第 11 章」をダウンロードし、「grass_ground」「grass_road01」「grass_road02」「house01」「tree01」「tree02」を用いる（図 11.2）。

図11.2●MeshLibrary用データのファイルシステムへのマージ

11.2　MeshLibrary の作成と 3D データのインポート

　ルートノードに MeshLibrary の 3D 空間を準備する。MeshLibrary の作成方法は、メッシュと必要なデータを 3D ノードにインポートし 3D データが完成したところで、そのシーンを「メッシュライブラリ」にコンバートする方法が簡便である。この方法を用いると、インポートの途中でコリジョンを作成できる。

　3D のシーンを準備し、名前を「3DGridMapMeshLib」とする（図 11.3）。

図11.3●Gridmapのインスタンス

　ここに個数分のメッシュインスタンスを準備し、メッシュとテクスチャを対応づける。まずは 0 番目のメッシュをインポートする。これには「grass_ground」を登録しよう。MeshInstance をインポートするメッシュの名前に変更しておく。grass_ground.obj を「Mesh」プロパティにドラッグアンドドロップする（図 11.4）。

図11.4● 「MeshInstance」に3D形状をセットする

ここでコリジョンのための静的ボディを作成しておこう（図11.5）。

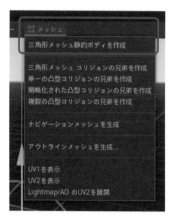

図11.5●「MeshInstance」にコリジョンを設定する

メッシュ内の「Material」のプロパティを開き更に「新規 SpatialMaterial」を選択する（図11.6）。

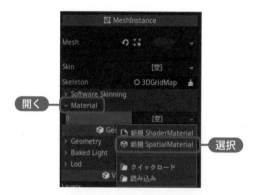

図11.6●メッシュの「Material」を新規作成する

テクスチャを適用するため、この「Material」を編集する（図11.7）。

図11.7●「Material」の編集を選択する

　マテリアルの中から「Albedo」プロパティを選んでテクスチャを適用する。Albedo は「反射能」の意味で光に対しての見え方を示すので、テクスチャが物体の元々の色（反射光）であり、テクスチャデータはここに適用する。テクスチャをドラッグドロップする（図 11.8）。

図11.8●「Albedo」へのテクスチャの適用

11

これを必要回数だけ繰り返す。メッシュライブラリ変換前の状態を以下に示す（図 11.9）。

図11.9●変換前のメッシュライブラリの状態

ここでシーンを保存する。次にこのシーンをメッシュライブラリに変換する。「シーン」メニュー「変換」「メッシュライブラリ」で変換が実行できる（図 11.10）。

図11.10●新規MeshLibraryの生成

変換後は拡張子「tres」のファイルができる（図 11.11）。

図11.11●MeshLibraryの完成

11.3 GridMap の生成と 3D データの配置

Main に戻って「GridMap」ノードを生成する（図 11.12）。

図11.12●GridMapノードの生成

GrinMap ノードを選択すると、グリッドがビュー上に表示される（図 11.13）。

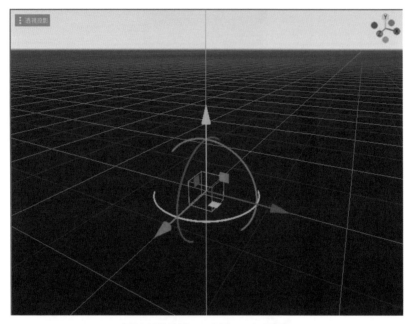

図11.13●Gridmapのビュー上の表示

グリッドマップの部品はこのグリッドに配置される。

MeshLibrary に先ほど設定したメッシュライブラリを読み込ませる（図 11.14）。

図11.14●MeshLibraryの読み込み

　メッシュライブラリを読むと、登録された 3D データが表示される。これを選択しアイテムを登録していく（図 11.15）。

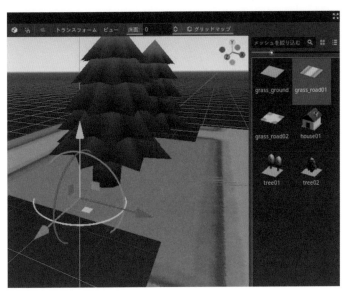

図11.15●MeshLibraryのアイテムを追加する

　メッシュの向きを変えたいときは、配置メッシュを選択している状態で、s キーで 90 度回転させる。必要に応じてメッシュの向きを変えて適切に配置する（図 11.16）。

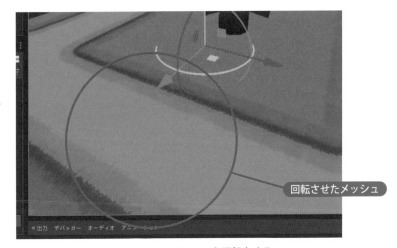

図11.16●s キーでメッシュを回転させる

配置間違いなどは、SHIFT ＋ドラッグで対象メッシュを選択し、Delete キーで抹消する（図 11.17）。

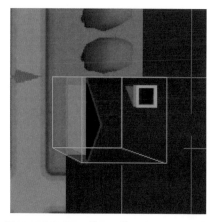

図11.17●SHIFT ＋ ドラッグ でメッシュを選択

配置が終わったら保存する。

11.4 GridMap への Player の配置

第 10 章を参考にして、Player にアニメーション付き 3D モデルをインポートしてキーによるインタラクションを付加する。ポイントは

- GridMap の高さはゼロレベルに合わせよう。
- RigidBody は「Character」モードに設定すること。またインポートした majo.glTF を連結させる。majo のスケールは 0.3 程度に設定する。
- CollisionShape には、CapsuleShape を 90 度回転し設定する。Majo の大きさに合わせて適切な大きさにする。
- RigidBody にカメラを設定し、第三者視点にする。位置は適切に。
- Rigidbody は「MiniMajo」等に名前を変更する。スクリプトを生成する。

以上を元とした MiniMajo.gd のコーディングを以下に示す。

コード11.1●MiniMajo.gd全体

```gdscript
extends RigidBody
# 秒間の動き
export var speed = 5.5

var velocity = Vector3.ZERO

# Called when the node enters the scene tree for the first time.
func _ready():
    pass # Replace with function body.

func _physics_process(delta):
    var direction = Vector3.ZERO

    if Input.is_action_pressed("ui_right"):
        direction.x += 1
    if Input.is_action_pressed("ui_left"):
        direction.x -= 1
    if Input.is_action_pressed("ui_down"):
        direction.z += 1
    if Input.is_action_pressed("ui_up"):
        direction.z -= 1

    if direction != Vector3.ZERO:
        if Input.is_key_pressed(KEY_SHIFT):
            $majo/AnimationPlayer.play("run")
        else:
            $majo/AnimationPlayer.play("walk")
        direction = direction.normalized()
        $majo.look_at(translation - direction, Vector3.UP)

    velocity.x = direction.x * speed
    velocity.z = direction.z * speed

    if Input.is_action_pressed("ui_accept"):
        $majo/AnimationPlayer.play("jump")
        velocity.y = speed

    add_central_force(velocity)
```

12

技法のまとめと
本書で扱えなかったこと

　最後に本書で扱った技法のまとめをする。本書の構成はチュートリアルを中心に扱ったため、情報が章をまたいでいるため、ここで改めて確認をしておく。

12.1 シーンのプロジェクトへの連結

　シーンをプロジェクトに連結するには、静的には2つの方法がある。
　まず1つは、シーンを新規で作成し、イチから作る方法である（図12.1）。

図12.1●新規シーン追加

　本書でもこの手法で多くのシーンの設計や実装をした。
　2つ目は既にあるシーンファイルを再利用する場合である（図12.2）。

図12.2●シーン再利用

　この場合はルートノードにシーンが静的に接続される。
　また動的なシーンの接続は、シーンを入れ替えるには get_tree().change_scene("res://

scenes/sceneA.tscn") などのメソッドや、6.5 節の add_child() メソッドによって動的にシーンを追加する。動的なシーンの追加は 1 シーン 1 ノードでできる限り設計する原則を守るべきである。

12.2 スプライトアニメーション

　本書では 2D ゲームのキャラクタは、ほぼアニメーションのノードを定義してきたが、実際のアニメーションデータを設定はしていなかった。スプライトアニメーションは AnimatedSprite ノードを選んで、データをセットすれば自動でアニメーションが可能になる（図 12.3）。

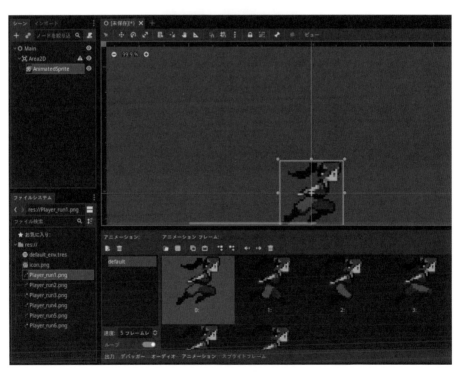

図12.3●スプライトアニメーション設定

簡単にアニメーションが設定できるので是非試して欲しい。

12.3 3D：レンダリングやシェーダ

　3D のテクニックについてもほとんど扱うことが出来なかった。特にレンダリング画質の向上も扱えなかった。

　最低限、3D のモデルを扱い画像品質を向上させたいなら、法線マップを定義する方法を習得する必要がある。現在はテクスチャを与えると法線を生成する無料のウェブサイトや有料無料の様々なアプリケーションがあるので是非チェックして欲しい。

　法線マップの設定方法は、MeshInstance の中に Material がある（図 12.4）。

図12.4●MeshInstanceのMaterial設定

　それを編集すると Normal（法線マップ）が設定できる（図 12.5）。

図12.5●MeshInstanceのMaterial設定

この法線マップは、3D の凹凸の様子などをリアルタイムレンダリングで表現する場合に不可欠
である（図 12.6）。

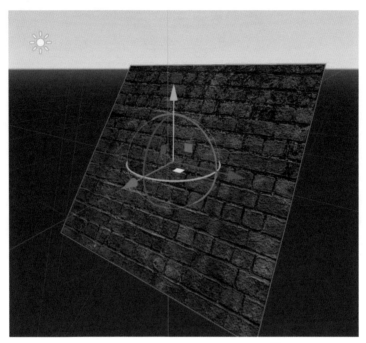

図12.6●法線マップレンダリングの実例[1]

また、最近のゲームで用いられる戦闘シーンなどの表現力（火花や風、雷の表現）は、Godot
の場合 3DCG のシェーダを書くことが要求される。言うまでもなく、シェーダは数学によって形
状やエフェクトを設計する。

他のゲームエンジン、例えば UnrealEngine はシェーダをビジュアルでプログラムしていく機構
が若干備わっている。Godot もシェーダはビジュアルスクリプトで描けるが、シェーダソースを
直接記述するパネルを挟むことによって、ビジュアルとシェーダ言語のハイブリッドのプログラ
ミングができる（図 12.7）。

────────────────────

※1　このテクスチャ画像は「BEIZ images create worlds」（https://www.beiz.jp/ 素材 / レンガ
/00090.html）による。

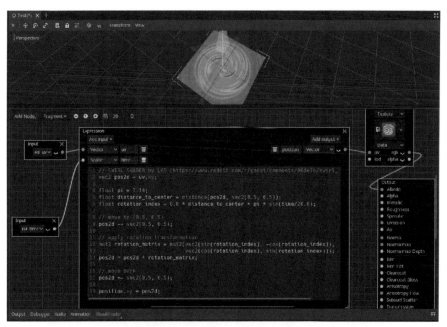

図12.7●ビジュアルシェーダ※2

　シェーダの大枠を掴むには、ビジュアルシェーダでバーテックス（頂点）やフラグメント（色などのピクセルのコントロール）に対して理解し、その後、細部を本格的にシェーダーで書く訓練をするとよいだろう。

　シェーダを書くには、そもそもシェーディング言語を理解する必要がある。少し古い海外の書籍になるが OpenGL のシェーディング言語（GLSL）の全体的な理解は、Mike Rost ら、「OpenGL Shading Language 第 3 版」、Addison Wesley、2009. [3]

　この書籍は GLSL が網羅的に紹介されている。リファレンスとしても十分な内容である。

　シェーダ言語のあらましが理解できたら、実際のバーテックスやフラグメントの理解に進む。現在の Godot のプログラマブルシェーダのベースは、OpenGLES である。

　OpenGL の組み込み・モバイル向け API が OpenGLES であり、OpenGLES の考え方を学ぶための文献を同様に紹介する。手に入らない書籍も多く恐縮だが、もし図書館等で手に取ることができれば確認をして欲しい。

- 松田，「OpenGLES 2.0 Android グラフィックスプログラミング」，カットシステム，2012. [4]
  OpenGLES のモバイルグラフィックスに関しての入門書である。
- ムンシら，「OpenGLES 2.0 プログラミングガイド」，ピアソン・エデュケーション，2009. [5]

※ 2　「Using VisualShaders」 https://docs.godotengine.org/en/stable/tutorials/shading/
　　　visual_shaders.html より引用。

- Dan Ginsburg ら，「OpenGL ES 3.0 Programming Guide」，Addison Wesley，2014. [6]

これらの書籍はバーテックスやフラグメントの書き方の直接的な参考になる。

みなさんがこのような書籍を参考にしてゲームプログラマとして研鑽を積まれることを期待している。

12.4 サウンド

サウンドについては全く扱うこと無くチュートリアルをすすめてきた。サウンドはゲームにとって欠かすことの出来ない重要な要素であるが、これも本書では割愛した。

サウンドに関しては公式のチュートリアルを紹介する。確認の上参考にして欲しい。

「Adding sounds」（3D　FPS のチュートリアル　パート 3」）Godot 公式ドキュメント

https://docs.godotengine.org/en/3.2/tutorials/3d/fps_tutorial/part_three.html#adding-sounds

このチュートリアルにサウンド制御が書かれている。

また、Yuka Shimizu が提供したサンプルの一部に、サウンドのイベントハンドリングがされている。参考になるので確認をしてほしい。

12.5 Godot の今後

現在のバージョンは 3 である Godot だが、今後、バージョン 4 に上げられることが予定されている。Godot はオープンソースで開発が続けられ、全世界の有志による努力で開発が続けられている。いくつかの大きな機能拡張が予定されているようだが、シェーダのコアが Vulkan に変更されるようだ。

Vulkan は最近では各 GPU メーカのドライバで、Android はネイティブで、MacOS/iOS は MoltenVK[3]を経由して動作している。CPU のコア知財で世界のトップレベルのメーカとなった

※3　「MoltenVK」https://github.com/KhronosGroup/MoltenVK

ARM は CPU における Vulkan の性能差のムービを公開している[4]。それによれば ARM プロセッサ 4 コアでの性能は OpenGLES が 1 コアに高負荷を掛けているのに対し、Vulkan は 4 コアに均等に負荷を掛けている。同一のプログラムと fps には Vulkan の方が優位と主張している。

　このように Godot も、ARM の普及を見越してその準備を着々と進めているように見える。

---

[4] 「ARM、Vulkan と OpenGL ES の性能比較動画を公開」 http://juggly.cn/archives/206022.html

あとがき

　Godot についてチュートリアルを中心に紹介してきた。このゲームエンジンが海外で一定の評価を得ているのはそれなりに理由があった。

　一つはやはりコンパクトさだろう。ほとんどのゲームエンジンが高機能, 高性能化をすすめる結果、巨大になりすぎ一般で普及するノート系 PC には荷が重すぎる状態になっているが、Godotはきわめて軽く作られている。また 3OS にまたいだポータビリティも見逃せない。エンジンのコアがオープンソースで共通していることもあり、IDE のインターフェイスはほぼ同一である。OpenGL のドライバさえうまく入っていれば、どの環境でも同じように動くことも利点である。

　このようにコンパクトな環境で、一通りのゲームエンジンの挙動を学習し、一人もしくは複数人のプロジェクトを進めることができる環境は Godot が今のところ最適であろうと思われる。

　引き続き Godot に慣れ親しんでもらい、作るためのツールとして、そばに置いてもらえると大変うれしい。

　少し心残りな点は、3D のゲームについてロジックを深く追求できなかったことと、ゲームデザインの手法が扱えなかったことである。ゲームは、デザインの嗜好性が高く好みのデザインでなければ受け入れられない（それは和ゲー洋ゲーのデザインテイストの差を見てもわかる）。好みの「世界観」に即したゲームまで作り上げるのは、おそらく一人では難しいかもしれない。ゲーム制作サークルはその点は補いあえる場かもしれない。そのような場でも Godot の採用の機会が増えることを祈っている。

　本書はできるだけ Godot というゲームエンジンを「苦労なくはじめてもらえたら」という思いがあって作りはじめた。その思いが叶えられたかは読者の判断に委ねたい。

参考文献

[1] 阿部百合. 高等学校教科情報における python を利用した統計学習―問題解決能力の向上を目指して―. 情報処理, Vol. 60, No. 9, pp. 900–906, 2019.

[2] 瀧澤成人, 監修：酒井雅裕. Python[基礎編] ワークブック. カットシステム, May 2018.

[3] M. Rost, R. J. Licea-Kane, B. Ginsburg, D. Kessenich, J. M. Lichtenbelt, B. Malan, and H.Weiblen. OpenGL Shading Language. AddisonWesley, 3 edition, 2009.

[4] 松田晃一. OpenGL ES 2.0 Android グラフィックスプログラミング. カットシステム, 2012.

[5] アフダブ・ムンシ, ダン・ギンズバーグ, デーブ・シュライナー. OpenGL ES 2.0 プログラミングガイド. ピアソン・エデュケーション, 2009.

[6] D. Ginsburg, B. Purnomo, D. Shreiner, and A. Munshi. OpenGL ES 3.0 Programming Guide. Addison Wesley, 2 edition, 2014.

付 録

付録 A GDScript まとめ

表A.1●GDScriptの構文

構文	意味	注
	順接	GDScript は上から順番に実行される
: の次の行	スコープ	GDScript のスコープはインデント。タブと空白を混合しない
+ - / *	四則演算	
%	剰余	
if 式 :	選択	
for 変数 in リスト :	反復	リストの中身を変数に代入しながら反復
for _ in リスト :		変数を用いない反復
range(開始 , 終了)	リスト	range(1, 10) なら、1 から 9 まで（1 以上 10 未満）のリスト
while 式 :	反復	式が成立している間は反復
func メソッド名 ():	メソッド（関数）	メソッドの範囲はスコープに依存する。_ 付きは Godot に元からあるメソッド（バーチャルメソッド）
var	変数の宣言	初期化も同時に可能。var i = 0
return:	メソッド返り値	複数の値を「,」で区切って返せる。受ける変数は複数準備する
" "	文字列	連結は「+」演算子。整数などは str() 演算子を使う
str()	数を文字列化する	引数として変数を渡す。
print()	表示メソッド	引数として変数等を渡す。
String()	文字列変換	オブジェクト名を文字列にする。
文字列 .to_lower()	文字列を小文字に	文字列を全て小文字に変換する。

表A.2●基本的なメソッドやオブジェクト

オブジェクト名・メソッド名	意味	注
func _ready():	初期化関数	ノードやシーンの初期化をする
func _process(delta):	プロセス関数	一定の間で呼び出される。この中でゲームロジック処理を実施
func _physics_process():		物理サポートのプロセス関数
str()	数を文字列化する	引数として変数を渡す。
print()	表示メソッド	引数として変数等を渡す。
String()	文字列変換	オブジェクト名を文字列にする。
文字列 .to_lower()	文字列を小文字に	文字列を全て小文字に変換する。
get_viewport_rect().size	アプリウインドウサイズ	
clamp()	範囲内の数の丸め	clamp(対象の数 , 開始数 , 終了数)
Vector2	2 次元ベクトル	x、y 成分の位置ベクトル
Vector2.normalized	ベクトルの正規化	成分を 0.0 - 1.0 の間に納める
Input	キー入力オブジェクト	is_action_pressed で検出する。"ui_right" などを渡す
randi()	整数の乱数	
randomize()	乱数の種を変える	rand 系の先に実施
rand_range(範囲 , 範囲)	指定した範囲内の乱数	返り値：実数
get_node(" パス ")	自分以外のノードを得る	" 相対パス " もしくはフルパス（例：/root/Main/Player）
$	自分に配置されているノードを得る	コードアシストで一覧を得る

付録 B プロジェクト検索キーワード

表B.1●検索キーワード（プロパティも兼ねることがある）

検索語	意味	注
プロジェクト設定		プロジェクト設定でアプリ全体を定義
window	UIの窓（ペイン）	アプリの大きさ
width	幅	ノードの幅
height	高さ	ノードの高さ
stretch	窓の拡大縮小	ゲームでは拡大縮小不可能にする
aspect	窓比率	ゲームでは「keep」して変化させない
Layer	コリジョンのレイヤ	コリジョンにノードの名前をつけ衝突をグループ化する
Main	メイン	一番初めに起動するシーン

付録 C　2D ノード

表C.1 ●ボタンとプロパティ

ノード名 　プロパティ・メソッド	意味	注
button	ボタン	ボタン
font	ノードの文字表示	日本語は日本語フォントを設定する
text	テキストの中身	ボタンの表面の文字
margin	マージン	アンカー（緑ピン）からの位置を示す。アンカーの簡単な移動法はレイアウト
top	上限	アンカーからの上位置
bottom	下限	アンカーからの下位置
hide()	消去	自身を見えなくする
show()	表示	自身を見えるようにする

表C.2 ●2Dノード

ノード名 　プロパティ・メソッド	意味	注
label	ラベル	テキスト表示
Align	文字位置など	左、中央、右など
position	位置	ノード位置
Area2D	2D 衝突検出ノード	2D 衝突検出ノード
_on_area_entered シグナル		
AnimatedSprite	2D アニメノード	キャラクタを歩かせるときなど
Frames	2D アニメフレーム	アニメーションペインの作成
scale	大きさ倍率	ノードの拡大縮小
CollisionShape2D	コリジョン土台	コリジョンの土台
Shape	コリジョン形状	コリジョンの形状
CupselShape2D	カプセル形状コリジョン	カプセル形状コリジョン

ノード名 　プロパティ・メソッド	意味	注
rotation	カプセル形状コリジョン回転	カプセル形状コリジョン回転
RigidBody2D	2D 物理演算ノード	2D 物理演算ノード
apply_central_motion()	移動ベクトルのセット	motion にベクトルを与える
_unhandled_key_input(event)	キーボードイベントを直接得る	

付録 D　3D ノード

表D.1●3Dノード一覧

ノード名 　プロパティ・メソッド	意味	注
KinematicBody	3D キャラクタ物理演算ノード	
StaticBody	動かない物理演算ノード	
MeshInstance	メッシュの実物	
CollisionShape	三次元のコリジョン土台	
DirectionalLight	無限遠からの光（平行光）	太陽光のようなもの
Position3D	3 次元の位置	
Camera	3 次元のカメラ	
look_at	自分を相手の位置に向ける	
is_on_floor	床に居るか	連打による空中浮遊禁止
move_and_slide(ベクトル)	ベクトルを与えて移動させる	当たったノードを複数得る
get_slide_count	ぶつかったコリジョン数	
コリジョン .collider.name	コリジョンの名前	
move_and_collide(ベクトル)	ベクトルを与えて移動させる	返り値は当たったノード
translation.distance_to(位置)	自分の位置から相手の距離	ノード間の距離を見る
translation.direction_to(位置)	相手の方向ベクトル	正規化済

付録 E　ライセンス：フリーデータを扱う際に気をつけること

　第 8 章でも示したように海外では glTF フォーマットを中心にエコシステム（経済圏）の今後の発展が期待される。

　この節では 3D データの流通サイトで、glTF を扱うサイト「Sketchfab[1]（図 E.1）」のライセンスに関して確認をする。

図E.1●Sketchfabホームページ

　「Sketchfab」は、ここで主張されているように、有料を含め、アップロードモデル数は 300 万、登録ユーザは 500 万以上とある。ユーザはほぼ全世界にまたがっている（2021 年 11 月現在）。無料であってもモデルは上質なものが揃っている。

　ダウンロードにはユーザ登録が必須である。支障の無いアドレスを準備してユーザ登録をして欲しい。

　3D データを扱う際に、どのような形データがライセンスされているか、細心の注意を払う必要がある。作品を作る際でも使用データのライセンスを何らかの形で明示することを習慣づけよう。

　クリエイティブ・コモンズ・ライセンス[2] については詳細はここでは述べないが、一度目を通し自分の使用データがどのライセンスに該当するか確認して欲しい。脚注のページには「CC ライセンスとはインターネット時代のための新しい著作権ルールで、作品を公開する作者が「この条

※ 1　「Sketchfab」https://sketchfab.com/about
※ 2　「クリエイティブ・コモンズ・ライセンスとは」https://creativecommons.jp/licenses/

件を守れば私の作品を自由に使って構いません。」という意思表示をするためのツールです。」とある。具体的には図の 6 種類に加えて、CC0 を含めると 7 種類ある（図 E.2）。

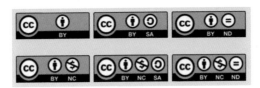

図E.2●CCライセンス6種類

Sketchfab ではダウンロードの際に、クリエイティブ・コモンズ・ライセンス属性のデータをフィルタで検索が出来る。Sketchfab のライセンスフィルタは次の通りである（図 E.3）。

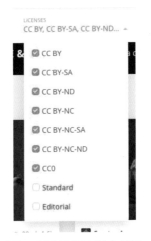

図E.3●Sketchfabでのライセンスフィルタ

ダウンロードエリアには、ユーザとして確認しておくべきことが書かれている。主にライセンスの再確認とクレジット表記の文面である。例えば、CC のクレジット表記の一例は「データ名 by 作者 is licensed under CC Attribution-NonCommercial-NoDerivs (http://creativecommons.org/licenses/by-nc-nd/4.0/).」となる。作品の Read.me などがあれば、できるだけこの表記のまま制作物に反映させる必要がある。

また Sketchfab では自動に、glTF と Apple 社の ARKit 形式である「USDZ」が準備されている。必要に応じてデータ種類を選び、ダウンロードできる。

索引

■ 数字・記号

3DS MAX 139

.... 34, 59

$ 68, 150, 157, 173

■ A

add_child() 63, 104, 189

Albedo 179

AndroidSDK iii

AnimatedSprite 50, 100, 189

AnimationPlayer 150

AnimationPlayer.play() 150

apply_central_impulse() 90

_area_entered() 62

Area2D 26, 49, 100

Aspect 44

■ B

Blender .... iii, 116, 139, 143

BoxShape 117

Button 23, 64

■ C

C# iii

Camera 117, 146, 154

CapsuleShape 121

CCライセンス 204

change_scene() 99, 188

clamp() 59

Collision 55

CollisionObject2D 50

CollisionShape 117, 169, 184

CollisionShape2D 50, 100

connect() 111

CubeMesh 117

CylinderShape 127

■ D

delta 31, 61

direction_to() 130

DirectionalLight 116

distance_to() 130

■ E

emit_signal() 62, 110

■ F

FontData 65

Fonts 64

Frame 51

■ G

GDScript iii

get_node() 33, 61

get_slide_collision() 132

get_slide_count() 132

get_tree() 99, 188

get_viewport_rect().size 59

glTF .... iii, 114, 138

Godot iii

■ H

height	44
hide()	63, 99

■ I

IDE	11
Input	59, 88
Input.is_action_just_released()	104, 159
Input.is_action_pressed()	100
Input.is_key_pressed()	159
is_on_floor()	123

■ J

JSON 形式	138

■ K

KEY_	89, 159
Khronos Group	138
KinematicBody	116, 155
KinematicBody2D	90

■ L

Linux	iii
logic フォルダ	27
look_at()	124, 173

■ M

M+ FONTS	39
MacOS	iii
Main	46
Margin	67

■ Material

Material	178, 190
MAYA	139
MeshInstance	117, 169, 190
MeshLibrary	176
move_and_collide()	130
move_and_slide()	124

■ N

name.count()	110
Node	49, 46
Normal	190

■ O

OculusQuest	iii
_on_area_entered()	26, 102, 201
_on_Button_pressed()	99
OpenGLES	iii, 192
OpenGLES2	154
OpenGLES3	114, 154

■ P

_physics_process()	90, 124, 151
PhysicsBody2D	50, 90
Platformer	2, 78
png	24
position	33, 60, 61
Position3D	117
preload()	103
pressed() シグナル	71, 99
print()	30
_process(delta)	29, 59, 60
Python 言語	iii

Q

queue_free() 102

R

rand_range() 130
randi() 60
randomize() 60, 130
range() 32
_ready() 29, 58
RectangleShape2D 52
resizeble 44, 79
RigidBody2D 85, 90
    Bounce 86
    Character モード 86
    PhysicsMaterial 86
root 33, 61
Rotation Degrees 118

S

scancode 89
SceneTree オブジェクト 99
SDK iii
Shadow 118
signal 61
Sketchfub 139
SpatialMaterial 178
Sprite ノード 101
StaticBody 116, 166
StaticBody2D 90
Stretch 44
String 34

T

Text プロパティ 67
Theme Overrides 64
Tile Set 79
to_lower() 34
TrueType フォント 39
tscn 24

U

UI 22
_unhandled_key_input() 88
Unity 96, 139
UnrealEngine .... iii, 139
USDZ 205

V

Vector2() 59, 100
velocity.normalized() 61, 70
VR iii

W

while 32
width 44
Windows iii

あ

新しいシングルタイル 81
アニメーション iii
アニメーションモード 52
アンカー 67
イベント 36
インクリメント 32

インストール 10
インスペクタ 25
インデント 30
ウインドウの大きさ 44
エクスポート 15
エミット 61
追っかけロジック 61

■ か

キーマップ 87, 158
ギズモ 116
クリエイティブ・コモンズ・ライセンス 204
繰り返し 32
公式ホームページ 9
コードアシスト 31
コメントアウト 34
コリジョン ... 2, 26, 74, 50, 81, 102, 122, 166, 178
コリジョンレイヤの設定 55, 128
コントロールノード 23

■ さ

再インポート 80
サウンド 193
三角形メッシュ静的ボディを生成 165
サンプルインポート 13
サンプルダウンロード 12
シーン .... iii, 22, 36, 46
シーンとノードの追加と編集 25
シーン倍率 45
シェーダ 191
シグナル 25, 36, 61
実行 47
実行ボタン 14
順接 29

新規 SpriteFrames 51
新規プロジェクト 41
スクリプト 26
スクリプトエディタ 28
スクリプト新規作成 56
スコープ 30
スプライトゲーム 78
設計思想 37
選択 32

■ た

タイムスライス 36
タイルの選択消去 84
タイルマップ 78
　　コリジョンモード 81
　　新規長方形 82
　　新規ポリゴン 82
　　スナップとグリッド表示を有効にする 81
　　タイル名を表示 82
　　領域モード 81
タイルをペイント 83
ダウンロード 9
タブ 30
停止ボタン 15, 48
テストプレイ 14
統合開発環境 11
透視投影 115
得点類型 2

■ な

日本語表示 39
ノード .... iii, 22, 36, 49

■ は

バウンディングボックス 148
ビューポート 115
描画フレームレート 29
ファイルシステム 24
物理キー 88, 158
プリエンプティブ・マルチタスク 36
プロジェクト設定 43, 79
ホイルスクロール 116
ボーン iii
ポジション 33

■ ま

右手系 116, 142
メインシーン設定 48, 109
メッシュメニュー 165
メッシュライブラリ 176

■ や

ユーザインターフェイス 22

■ ら

ライセンス .... iv, 204
ランドスケープ型（横長） 44
リソース 24
ルートノード 23
レイアウト 67
レンダラー 114

■ **著者プロフィール**

酒井 雅裕（さかい・まさひろ）

1962 年生まれ。神奈川工科大学情報学部准教授。

専門は IT の異分野応用。画像理解、機械学習、教育工学など。

カットシステムでは『ステップ 30 Python[基礎編] ワークブック』監修、『超初心者からの真空管アンプ製作入門』（共著）の出版。

はじめてのゲームエンジン Godot

2022 年 7 月 20 日　　初版第 1 刷発行

著　者	酒井 雅裕
発行人	石塚 勝敏
発　行	株式会社 カットシステム
	〒 169-0073 東京都新宿区百人町 4-9-7　新宿ユーエストビル 8F
	TEL （03）5348-3850　　FAX （03）5348-3851
	URL　https://www.cutt.co.jp/
	振替　00130-6-17174
印　刷	シナノ書籍印刷 株式会社

本書に関するご意見、ご質問は小社出版部宛まで文書か、sales@cutt.co.jp 宛に
e-mail でお送りください。電話によるお問い合わせはご遠慮ください。また、本書の
内容を超えるご質問にはお答えできませんので、あらかじめご了承ください。